ASIEN: STRASSE, HAUS

Michael Bier

# ASIEN: STRASSE, HAUS

## Eine typologische Sammlung asiatischer Wohnformen

Karl Krämer Verlag Stuttgart/Zürich

Diese Arbeit entstand mit Unterstützung
des Fonds zur Förderung der wissenschaftlichen
Forschung, Wien.


Lektorat: Gudrun Zimmerle
Druck: Heinrich Fink Offsetdruck, Stuttgart
Printed in Germany

ISBN 3-7828-4007-0

# Inhalt

# Vorwort

Dipl.-Ing. Michael Bier, ausgebildeter Architekt und Stadtplaner, hat in jahrelanger Forschungsarbeit vor Ort, das heißt in ost- und südasiatischen Ländern, umfangreiches Material zusammengetragen, das er in diesem Werk mit ausführlichen Bauskizzen darbietet. Neben demographischen Angaben und prägnanten Kurzbeschreibungen war es ihm immer ein Anliegen, die sehr unterschiedlichen Wohnverhältnisse der Menschen, das heißt ihr Leben in Pfahlbauten, Hütten, Squattersiedlungen und Hausbooten, zu untersuchen und zu schildern.

Ihn interessierten vor allem die religiösen, kultischen und sozialen Hintergründe, die zu den jeweils eigenständigen Bauformen führten. Religion und Tradition standen fast immer Pate bei den hier vorgestellten Wohnbauten. Gerade sie sind es denn auch, die durch den heutigen Akkulturationsprozeß im Schwinden begriffen sind. Um so dankbarer müssen wir dem Autor sein, daß er in einem weit gefaßten Spektrum noch einen informativen Einblick vom Wohnen in Asien an ausgewählten Beispielen zu vermitteln vermag.

Die Schilderungen werden durch bibliographische Angaben nach jedem Kapitel nachvollziehbar gemacht, so daß der Interessierte sich auch weitergehende Kenntnisse aneignen kann.

Prof. Dr. Peter Thiele
Direktor des Linden-Museums Stuttgart
im Mai 1990

# Allgemeiner Überblick

Das Gebiet, das hier behandelt wird, erstreckt sich von Pakistan im Westen, Japan und Korea im Osten bis Indonesien im Südosten Asiens. Es ist Teil des asiatischen Kontinents, der größten Landmasse der Erde, und zeichnet sich sowohl in Bevölkerungsdichte, Klima und Topographie durch Extreme aus: den höchsten Punkt der Welt, die trockenste Wüste, das bevölkerungsreichste Land, das höchste Pro-Kopf-Einkommen usw. Obwohl neben Japan einige Länder, wie zum Beispiel Südkorea, Taiwan, Singapore oder Hong Kong bald den Status eines hochentwickelten Industrielandes haben werden, leben ca. 90 % der Bevölkerung in Entwicklungsländern.

Innerhalb dieses Gebietes lassen sich drei Regionen unterscheiden:

**Ostasien:** China, Hong Kong, Japan, Mongolei, Korea

**Südostasien:** Brunei, Birma, Indonesien, Kambodscha, Laos, Malaysia, Philippinen, Singapore, Thailand, Vietnam

**Südasien:** Bangladesh, Bhutan, Indien, Nepal, Pakistan, Sri Lanka

Obwohl geographisch zu Südostasien gehörig, werden Thailand, Laos, Kambodscha und Vietnam in der Folge innerhalb des ostasiatischen Kulturkreises behandelt, da sie in ihrer Entwicklung, Religion und Kultur über Jahrhunderte stark von China beeinflußt wurden.

Nahezu die Hälfte der Weltbevölkerung lebt in dieser Region, ein Drittel allein in China und Indien zusammen. Von den weltweit neun meistbevölkerten Ländern befinden sich sechs in diesem Teil Asiens.

Nach Europa ist Asien der am dichtesten besiedelte Erdteil. Auf nur 17 % der Erdoberfläche leben 50 % der Bevölkerung. Zieht man die großen, kaum besiedelten Gebiete Zentralasiens mit in Betracht, ergibt sich für den Rest ein ungeheurer Bevölkerungsdruck, der sich in Zukunft noch verstärken wird.

**Ostasien:** Dieser bevölkerungsreichste Teil Asiens ist, wie an der Abbildung deutlich zu erkennen, besonders entlang der Küstengebiete stark besiedelt. In China gibt es außerdem noch Ballungszentren in Sichuan und entlang der großen Flüsse, wie die Schlinge des Gelben Flusses in Zentralchina zeigt. Die Mongolei, Tibet und Westchina hingegen zählen, sogar weltweit, zu den am dünnsten besiedelten Gebieten.

*Chinesischer Kulturkreis*

**Südostasien:** Hier zeigen sich die Bevölkerungskonzentrationen in Java, Sulawesi und den Nordphilippinen, während die großen Inseln Sumatra und Borneo trotz der Umsiedelungsprogramme Indonesiens nahezu unbesiedelt sind. Da die Region klimatisch relativ einheitlich ist, ist in erster Linie die Zugänglichkeit der unterschiedlichen Gebiete für deren Besiedelung ausschlaggebend.

*Malaiischer Kulturkreis*

**Südasien:** Auch hier zeigen sich wieder die größten Bevölkerungsdichten entlang den Küsten und Flußläufen. Die Wüstengebiete Pakistans und die Gebirge in Nordindien sind kaum besiedelt. Interessant hierbei ist, daß sich die über 100 Millionen Pakistani praktisch auf nur zwei Ballungsräume, Karachi und Islamabad-Lahore, konzentrieren.

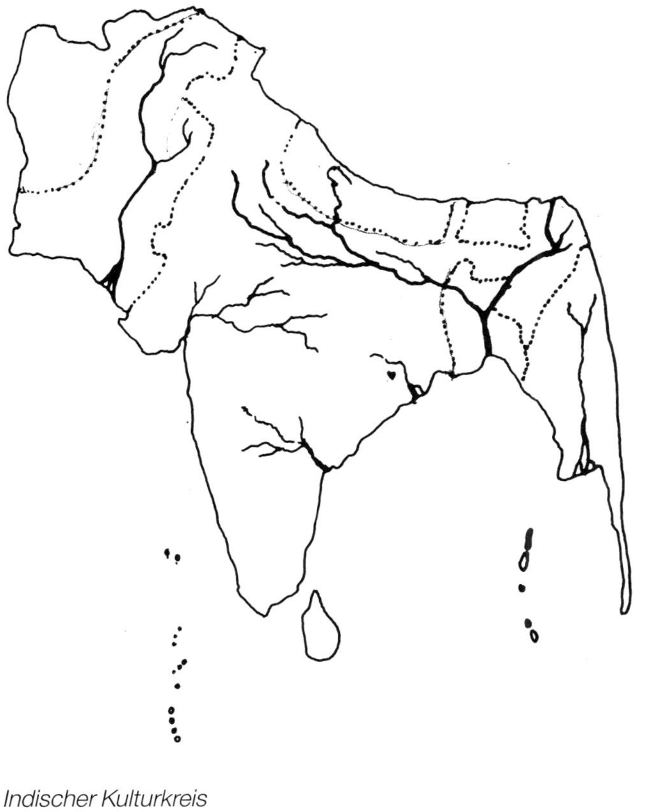

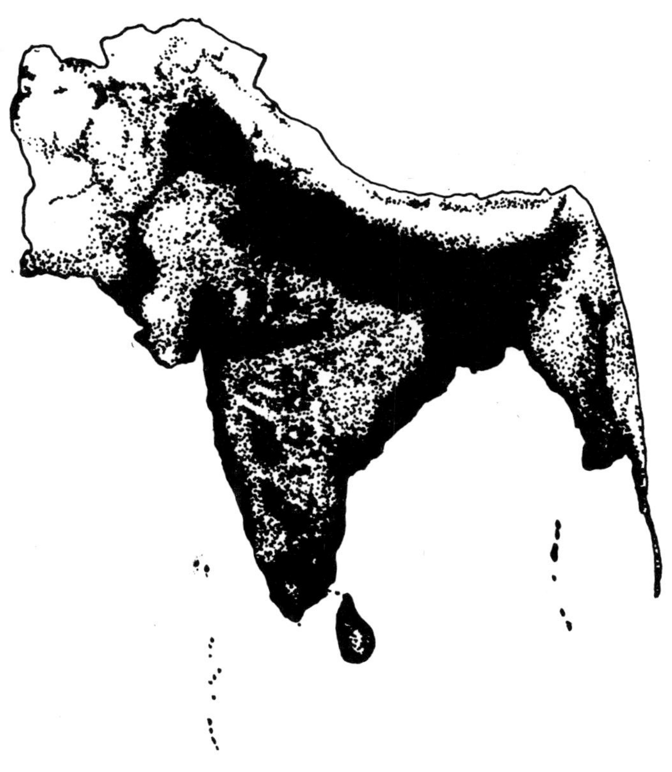

*Indischer Kulturkreis*

# Einfluß von Religion und Tradition

## Indien

Im Hinduismus ist das Bauen, wie alle anderen Lebensbereiche auch, durch Vorschriften und Bestimmungen geregelt. Ursprünglich mündlich überliefert, wurden sie ab dem Mittelalter in Schriften, den »Vastu-Vidya«, niedergeschrieben. Die Interpretation dieser Schriften wird von einer Gruppe der Priesterschaft, den »Shtapati«, durchgeführt. Diese sind auch mit der Errichtung der Tempel, Städte und Gebäude befaßt, die nach den gleichen Kriterien geplant werden.

*Varanasi*

Sie gehen dabei aber nicht von ästhetischen Werten aus, sondern alle Verhältnisse und Bezüge haben einen mythologischen Hintergrund. Der Shtapati ordnet jedem Bauwerk seine eigenen Identifikationen zu: Nur zu einer bestimmten Zeit kann ein bestimmtes Material an einem bestimmten Platz verwendet werden.

Bei der Errichtung einer neuen Hausanlage muß zuerst festgestellt werden, welches »mandala« (Gesetzmäßigkeit) geeignet ist. Hier werden astrologische Daten herangezogen, aber auch die Anzahl der Quartiere oder Straßen. Auch Boden und Orientierung des Geländes sind von entscheidender Bedeutung. Die Erde wird nach Geschmack und Farbe der Kasten qualifiziert, weiß und süß für Brahmanen, schwarz und bitter für Shudras, die Unberührbaren. Bevorzugt als Lage ist ein Hang nach Norden, denn Süden bringt Vernichtung. Eine Senke kommt als Siedlungsgebiet nicht in Frage. Als Grundriß wird grundsätzlich ein Quadrat angestrebt.

Die Unterscheidungen zwischen den vier Kasten sind auch in der Architektur sehr streng. Das Quadrat als vollkommene Form sollte nur den Brahmanen vorbehalten sein, sowohl im Stadtgrundriß als auch beim Haus. Für die verschiedenen Kasten gibt es Normen für die Abweichung vom Quadrat, bis zum Beispiel 1:1,25 für die Shudras. Die Bauhöhe ist ebenfalls Ausdruck der Kastenzugehörigkeit: Shudras dürfen nicht über 2.5, Brahmanen bis 6.5 Stockwerke hoch bauen. Wie oben erwähnt, werden auch Farben mit den einzelnen Kasten assoziiert. So wird der Lehm, der für die Ziegelherstellung verwendet wird, nach Farben den Kasten zugeordnet. Stein und Holz sollen überhaupt nur für höhere Kasten verwendet werden.

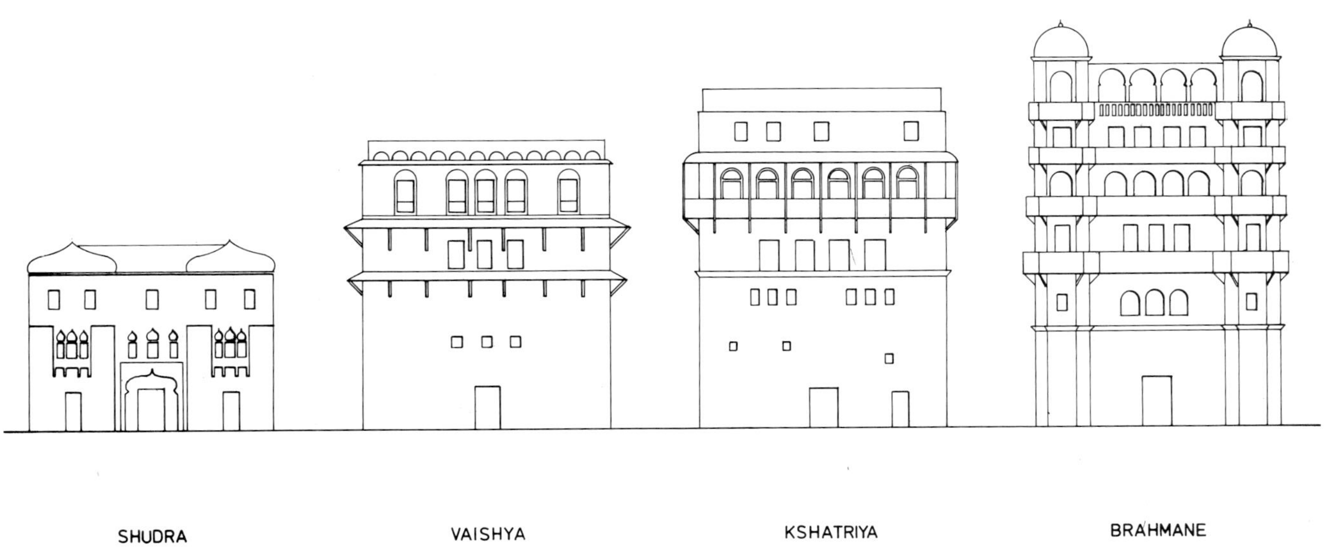


*Bauhöhe entsprechend der Kastenzugehörigkeit*

Diese Regeln und Vorschriften führen zu einer gewissen Starrheit der indischen Architektur. Ist ein Plan für die Errichtung eines Bauwerks gefaßt, kann er praktisch nicht mehr abgeändert werden. Das dafür vorgesehene Holz muß zu einem bestimmten Zeitpunkt geschlagen werden und ist nur für diesen einen Bau bestimmt. Ebenso verhält es sich mit den Ziegeln. Eine Wiederverwendung des Baumaterials ist daher nicht einmal innerhalb derselben Kaste möglich. Jeder Bau muß zu einem vom Shtapati festgesetzten Zeitpunkt begonnen werden. Nach seiner Fertigstellung bildet er eine Einheit. Er hat seine Entsprechung im Kosmos und kann später nicht mehr abgeändert werden.

*Literatur:*
*Volwahsen, Andreas: Indien. Bauten der Hindus, Buddhisten und Jains. München 1968*
*Sarayu Ahuya: Indian Settlement Pattern and House Design: In: Art and Archaeology Research Papers, Nr. 15, S. 33*
*Fischer, Klaus; Jansen, M; Pieper, J.: Architektur des indischen Subkontinents. Darmstadt 1987.*

## China

Der Chinese ist bemüht, in seinem Handeln den Zufall so weit wie möglich auszuschalten. Diese Einstellung läßt sich in vielen Bereichen des Lebens feststellen, so auch in der Architektur. Neue Formen oder bauliche Experimente waren nicht gefragt, man hat sich mit Bewährtem abgefunden und keinen Grund für Innovation gesehen. Daher haben sich auch die traditionellen Vorschriften für das Bauen seit Jahrtausenden unverändert bewahrt. Eine der wichtigsten Voraussetzungen für einen Bau ist seine Übereinstimmung mit dem »feng shui«, Wind und Wasser. Es ist dies, ähnlich wie bei den Indern, eine Vermischung aus Religion und Wissenschaft, basierend auf dem Wissen und der Anwendung der Naturgesetze. Seine Wurzeln sind durch die mehrfache Überlagerung verschiedener Religionen nicht mehr genau nachvollziehbar, man kann aber davon ausgehen, daß es sich aus dem Ahnenkult entwickelt hat. Es ist eine Übertragung natürlicher Erscheinungen in Zahlensymbole, der Symbole des »Buchs der Wandlungen«, der fünf Elemente und Kräfte des yin und yang. Die erste schriftliche Erwähnung findet sich bei Guo Pu (276–324) als Vorschrift zur Situierung der Gräber [1]). In der Folge wurde feng shui bei der Errichtung neuer Hauptstädte herangezogen und breitete sich über Jahrhunderte in fast allen Lebensbereichen aus.

Bis vor der kommunistischen Machtübernahme hat feng shui in praktisch alle Bereiche des sozialen Lebens hineingespielt, sei es Geburt, Hochzeit, Tod oder eben Architektur. Selbst heute noch, meist aber im Verborgenen, hat es großen Einfluß auf die Bevölkerung Rotchinas. Die Chinesen Taiwans, Hong Kongs und der Überseegebiete praktizieren es unverändert weiter. Selbst eingefleischte Konfuzianer lebten in ihren eigenen vier Wänden, teils aus Aberglaube, teils aus reiner Vorsicht, nach den Regeln des feng shui. Da Tradition im chinesischen Leben hoch angesehen wird, dient es heute oft auch zur Unterstreichung des persönlichen Wissens.

Feng shui war bis 1949 nicht als Aberglaube oder Philosophie angesehen worden, sondern als Realität, die Rechtswirksamkeit hatte. So konnte man bei einer Störung des feng shui zum Gericht gehen, und dieses hat mittels eines Sachverständigen auf Grundlage der Lehre entschieden. Es war ein wichtiger Bestandteil des Lebens, so daß der Kaiser, wenn eine Revolte ausbrach, zuerst die Gräber der Ahnen der Anführer schänden ließ; diese wurden dadurch gewissermaßen ihrer guten Geister beraubt und ihre Unternehmungen standen unter einem schlechten Vorzeichen. Ebenso

*Yongding Grab*

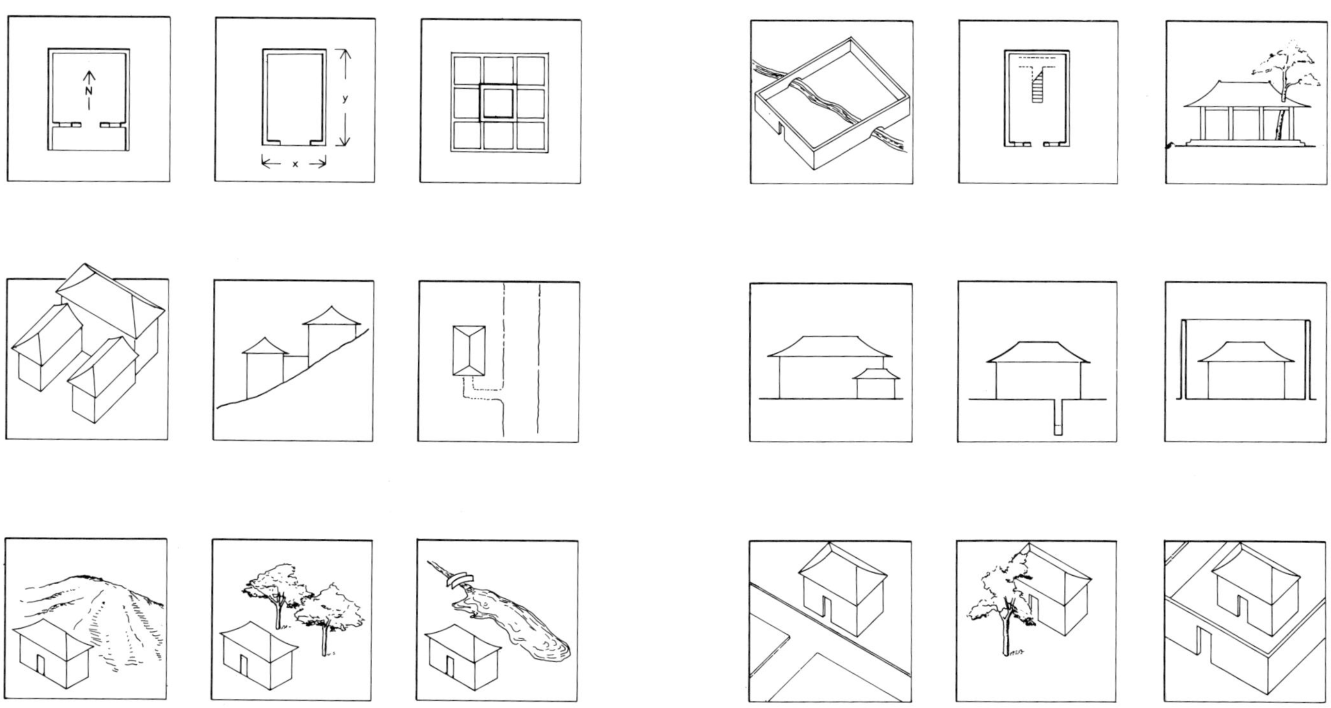


*gut* *Feng shui* *schlecht*

wurden den Ausländern, die durch Gewalt ein Niederlassungsrecht erzwungen hatten, die nach dem feng shui schlechtesten Gebiete abgetreten. Diese haben aus Unwissenheit oder weil ihnen kein anderes Gebiet angeboten wurde, darauf ihre Handelsniederlassungen errichtet und sich zum Gespött jedes gebildeten Chinesen gemacht. Das vielleicht bekannteste Beispiel hierfür ist das Konzessionsgebiet auf der Insel Shamian in Canton.

Ähnlich der zahlreichen Auslegungsmöglichkeiten des indischen mandala ist auch feng shui sehr flexibel. Es gibt fast immer Ausweichmöglichkeiten oder Alternativen, um eine schlechte Vorgabe in eine positive zu wenden. Letztes Mittel hierfür ist Geld. Durch Zahlung eines hohen Betrages kann jedes Übel abgewendet werden, allerdings liegt darin die Gefahr, eventuelle Folgeerscheinungen ebenfalls nur mehr durch Geld abwenden zu können.

Der Typ der chinesischen Stadt und ihrer Häuser ist aber nicht nur von feng shui geprägt, sondern auch stark von der chinesischen Mentalität. Der Chinese unterscheidet zwischen den »shuren«, der kleinen Gruppe von Verwandten und sonstigen nahestehenden Personen, und den »shengren«, allen anderen. Während für die shuren jede Hilfeleistung verpflichtend ist, herrscht mit den shengren eine Art Kriegszustand. Bauliches Äquivalent dieser Weltanschauung sind die unzähligen Mauern Chinas, wobei nur die Große Mauer gegen die Feinde aus anderen Ländern gebaut wurde. Leider haben diese Mauern nicht nur die Feinde abgehalten, sondern hemmten oft auch die Entwicklungsmöglichkeiten der Umschlossenen.

[1]) *March Seite 260*

*Literatur:*

*Eitel, Ref. J.: Feng shui or Rudiments of Natural Science in China. Neuauflage 1973, Cokaygne Cambridge*

*Doré, Henri S. J.: Manuel des Superstitions Chinoises. Paris, Hong Kong 1970*

*March, Andrew: An Appreciation of Chinese Geomancy, In: Journal of Asian Studies, 27, No. 2, Feb. 1968*

*Sun, Longji: The Deep Structure of Chinese Culture. Hong Kong 1983*

*Datong*

# Bevölkerungsbewegungen

## Ursachen

Die Bevölkerung Asiens ist grundsätzlich von einer großen Mobilität geprägt, sei es im Kollektiv oder im individuellen Bereich. Man denke in diesem Zusammenhang nur an die interkontinentalen Reisen chinesischer Händler oder die Raubzüge der Mongolen bis weit nach Europa hinein. Die Gründe dafür sind vielschichtig, meist dominierte aber der Wunsch nach Vergrößerung des Besitzes, sei es materiell oder territorial. Ebenso hat aber auch religiöse Intoleranz Millionen von Menschen aus ihrer Heimat vertrieben. Die jeweiligen Machthaber benutzten seit jeher die Kontrolle der Bevölkerungsbewegung als Mittel zur Konsolidierung ihrer Macht: Loyale Bevölkerungsgruppen wurden in instabile Gebiete umgesiedelt, ethnische Gruppen wurden zerschlagen und ihrer Identität beraubt und andere wurden gezwungen, in für sie ungünstigen Gebieten zu verbleiben.

Der Drang nach Freiheit und Wohlstand relativiert die Gefahren, sich einem System zu entziehen. Die Flüchtlinge aus Vietnam, die zu Tausenden an den Küsten Südostasiens landen, verlassen ihre Heimat weniger aus politischen Gründen, denn aus wirtschaftlichen. Ähnliche Motive, wenn auch nicht mit den Gefahren einer illegalen Ausreise verbunden, führten zur Migration der Chinesen nach Süden. Viele indische Händler, die in allen Städten Asiens zu finden sind, haben ebenfalls aus wirtschaftlichen Gründen ihrer Heimat den Rücken gekehrt. Bevölkerungsbewegungen müssen aber nicht transnational sein oder über große Distanzen führen, um signifikante Einflüsse auf die Menschen zu haben. Auch über kurze Distanzen, wie zum Beispiel bei der Landflucht, ergeben sich für die Behörden Probleme, die sie längst nicht mehr unter Kontrolle haben. Entsprechend ihrer Ideologie haben die Regierungen unterschiedliche Wege gesucht, um diesem Problem entgegentreten zu können, ein wirklicher Durchbruch ist aber noch in keinem Land gelungen.

In der Folge soll an Hand von einigen Beispielen die Komplexität der Probleme, die durch großmaßstäbliche Umsiedelungen entstehen, aufgezeigt werden.

*Han-Chinesen in Turkistan*

## China

Klimatische und geographische Verhältnisse führen in China zu einer starken Konzentration der Bevölkerung auf wenige Gebiete. Nur 10 % des Landes sind agrarisch genutzt. 60 % der Bevölkerung arbeiten aber in der Landwirtschaft. Bei einem Verstädterungsgrad von 41 % kann man sich die Konzentration der Bevölkerung in den fruchtbaren Gebieten (Gelber Fluß, Yangtse-Ebene, Sichuan, Küste) leicht vorstellen. Nach der kommunistischen Machtübernahme hat eine Folge von Mißernten zu einem starken Zustrom der Landbevölkerung in die Städte der Ballungszentren geführt. In diesem Zusammenhang hat die Regierung ab 1958 zu rigorosen Maßnahmen gegriffen, um den Bevölkerungsstrom regeln zu können. Jeder Haushalt muß ein Registrierbuch haben, das von den Nachbarschaftskomitees überwacht wird. Darin wird zwischen ruraler und urbaner Bevölkerung unterschieden. Eine auch nur zeitlich begrenzte Umsiedelung ist nur mit Genehmigung des Leiters möglich. Die Registratur wird von unbezahlten Funktionären unterstützt, die über Kommen und Gehen in ihrer Nachbarschaft zu berichten haben.

Ein weiteres Regulativ in China ist die Rationierung von Reis und Öl. Diese Nahrungsmittel sind nur über Bezugsmarken zu erhalten, die von der zuständigen Registratur ausgegeben werden. Will man ohne Genehmigung seinen Wohnort wechseln, kann man nur über den Schwarzmarkt zu Reis und Öl kommen, wo aber ein zwanzigfacher Preis verlangt wird. Selbst diese sehr starken Regulative haben die Landflucht nicht stoppen können. Einen letzten Ausweg sahen die Behörden ab 1975 in den »shourongsuo«, den Ämtern zur Verhaftung und Verschickung von Unterstandslosen.

## Vietnam

Die Kriegseinwirkungen von 1965 bis 1975 führten in Vietnam zu einem starken Zustrom der Menschen in den Städten des Südens. 47 % der Einwohner haben ihre Heimat verlassen, weite Landstriche waren in Folge der Entlaubung gänzlich unbewohnbar geworden. Während die Städte des Südens durch eine dreifache Bevölkerungszahl wie vor dem Krieg gekennzeichnet waren, herrschte im Norden aufgrund des jahrelangen Bombardements akute Wohnungsnot. Zu einer Verschiebung der Bevölkerungsstruktur führte auch der Exodus der chinesischen Händler. Sie waren für die neuen Herrscher der Inbegriff des Kapitalismus und außerdem seit jeher eine ungeliebte Bevölkerungsschicht. Von 1978 bis 1979 verließen 261 000 Chinesen die Städte des Nordens, hauptsächlich Hanoi und Haiphong. Bis dahin waren noch 32 % des Warenaustauschs über private Märkte gegangen. 1977 wurden tausende Häuser und Handelsniederlassungen zerstört und die vielen Einzelhändler in vier eigens errichtete Arbeitslager geschickt[1]). Nach der Vereinigung nahm der Wohnbau im Budget die zweite Stelle hinter den Verteidigungsausgaben ein, trotzdem konnte kaum ein Drittel des Plansolls erfüllt werden. 1982 lag die Wohnfläche pro Einwohner bei durchschnittlich 2,5 $m^2$. Die Lage im Süden verschlimmerte sich durch den wirtschaftlichen Zusammenbruch nach Abzug der Amerikaner. Die Städte konnten ihre Einwohner nicht mehr ernähren. Der Süden wurde von einer Mittelschicht beherrscht, die sich dem Kommunismus nicht unterwerfen wollte. Diese Mittelschicht wurde aus Machtgründen in großangelegten Umsiedelungsprogrammen aufs Land

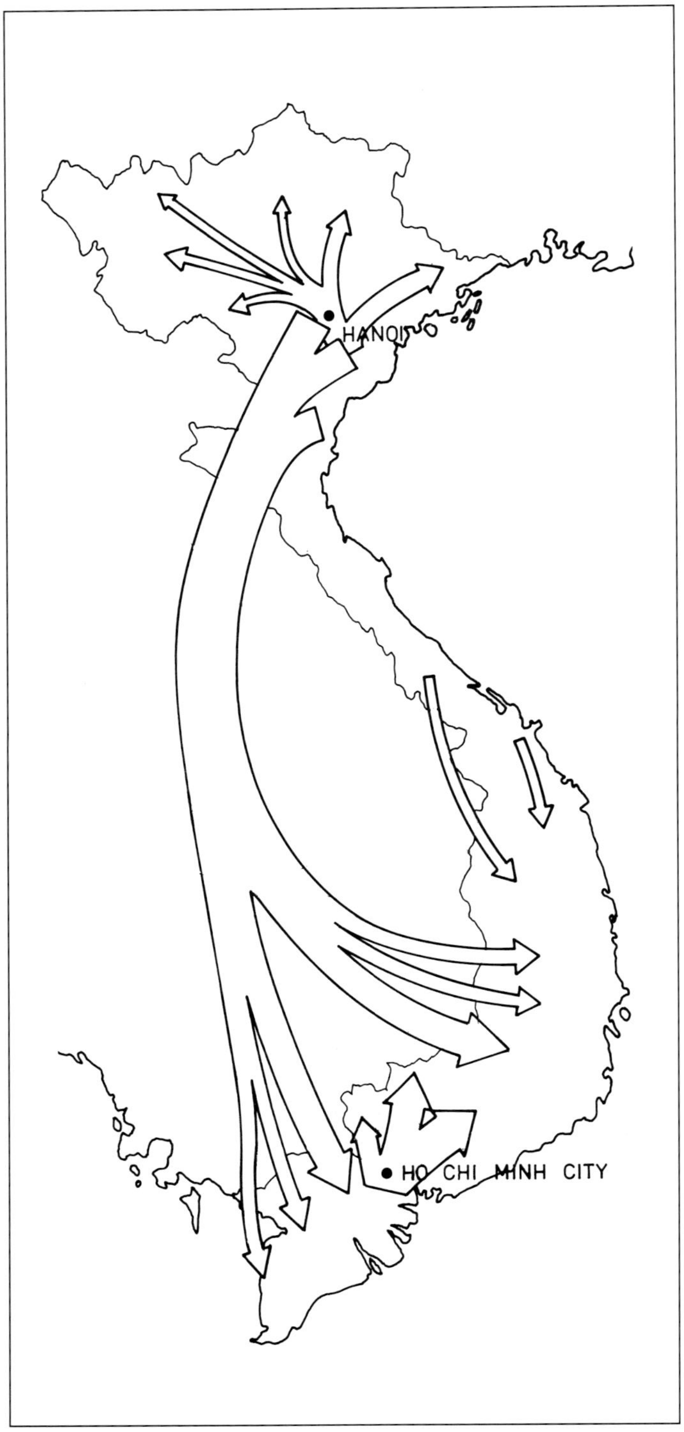


*Umsiedelung in Vietnam*

verschickt; durch den dadurch entstandenen Mangel an Organisationsstrukturen wurde die Versorgungslage weiter verschlimmert. Die Bewohner Saigons, jetzt Ho Chi Minh Stadt, wurden in die nahe gelegenen Landgebiete verschickt, die loyalen Bauern des Nordens wurden in den Städten des Südens und aus strategischen Gründen entlang der Grenzen angesiedelt. Stellenweise wurden ganze Ortschaften umgesiedelt, um die vorhandene Sozialstruktur nicht zu zerstören. Von 1976 bis 1980 wurden 900000 Stadtbewohner in ländliche Gebiete und 600000 Einwohner des Nordens in die Städte des Südens umgesiedelt.

Ziel der Planungen war es, die Stadt von einer Konsumentenstadt zu einer Produzentenstadt zu machen. Neue Wirtschaftszonen wurden angelegt, in denen bis 1985 eine Million Menschen angesiedelt wurden. Die Vororte der Großstädte wurden gefördert, um eine gewisse Dezentralisierung zu erreichen. Auf lange Sicht sollte es zu einer Vereinheitlichung der Stadtgrößen kommen. Die Republik wurde in 400 Distrikte aufgeteilt, von denen jeder eine etwa gleich große Einwohnerzahl haben sollte.

Bis 1989 wurden ca. 3,5 Millionen Menschen umgesiedelt. Damit ist ein Großteil der Planungen erfüllt, bis zum Jahr 2000 sollen weitere 2 Millionen aus den Gebieten des Roten Flusses nach Süden verlegt werden. Nach Nguyen Van Than, Direktor der Abteilung für Arbeit und Bevölkerungsverteilung, kann sich die Mehrzahl der Siedler mittlerweile selbst versorgen, nur 20 % leben noch in schwierigen Verhältnissen. Viele Menschen wurden zur Umsiedelung gezwungen, haben sich heute aber mit der neuen Situation abgefunden. Auch eine Verbesserung der Versorgungslage vergrößerte die Akzeptanz der staatlichen Programme in der Bevölkerung. Gegen Ende der 70er Jahre zogen noch 20% der Umgesiedelten illegal wieder in ihre Heimatstadt zurück, heute soll ihre Zahl auf 13 % gesunken sein.

Die Umsiedelung einer Familie kostet die Regierung 78 US $. Damit sind die Transportkosten, eine Strohhütte und Reis für 6 bis 9 Monate finanziert. Nach eigenen Angaben ist die Auszahlung dieser Mittel durch die Behörden aber nicht immer gewährleistet. So hat die Provinz Dac Lac 1989 bei einem Budget von 1,5 Milliarden Dong (300000 US $) für die Umsiedelungen bis März nur 100 Millionen Dong erhalten. Ein weiteres Problem sind laut Regierungsangaben die unautorisierten Siedler, die sich in den fruchtbaren Regionen niederlassen. Dabei kommt es regelmäßig zu Konflikten mit der autochthonen Bevölkerung. So sind beispielsweise die Montagnard, eine Minderheit im Hochland Zentralvietnams, gewohnt, zwischen den Häusern Gemüsepflanzungen anzulegen. Gerade auf diesen Flächen siedeln aber die Neuankömmlinge, um die Infrastruktur der Ortschaften ausnützen zu können. Die Montagnard sind dadurch direkt in ihrer Existenz bedroht, und um einer Eskalation vorzubeugen, ziehen sie es vor, sich weiter in den Bergen eine neue Heimat zu suchen[2]).

[1]) *Thrift S. 127*
[2]) *Far Eastern S. 42*

*Literatur:*
*Thrift, Nigel; Forbes, Dean: The Price of War, Urbanisation in Vietnam 1954–86. London 1986*
*Indochina Chronology, Heft 4, 1985*
*Far Eastern Economic Review, Mai 1989*

## Umsiedelungsprogramme in Indonesien

Die Umsiedelung größerer Bevölkerungsteile in Indonesien geht noch auf die Kolonialzeit zurück, als Bewohner Javas als Siedler nach Sumatra geschickt wurden, um das Land zu besiedeln und auf den Plantagen zu arbeiten. Oft waren diese Umsiedelungen, besonders was die Finanzierung betraf, schlecht geplant. Die Lamponger Volksbank, die die Geldmittel dafür verwaltete, mußte geschlossen werden, und Mitte der 30er Jahre kamen die Umsiedelungen zu einem Stillstand. In der Folge verlagerten sich die Aktivitäten mehr auf den privaten Sektor: Die zweite Generation der Siedler hatte sich halbwegs situiert und benötigte in der Erntezeit zusätzliche Arbeitskräfte. Die privat angeworbenen Erntehelfer, die meist aus den alten Siedlungsgebieten kamen, hatten eine bezahlte Arbeit und ließen sich anschließend in der Umgebung nieder. Die einzige Unterstützung der Regierung beschränkte sich auf die Errichtung von Behelfsunterkünften. Nach diesem System, »bawon« genannt, siedelten bis 1940 in Kalimantan, Sulawesi und Borneo ca. 200000 Menschen.

Nach dem Stillstand der staatlichen Programme waren nach Erlangung der Unabhängigkeit mehrere Ministerien mit den Problemen der Umsiedelungen befaßt, erst 1957 wurde ein eigenes Ministerium für Transmigration geschaffen, eine klare politische Linie war aber nicht zu erkennen. Erst im 8-Jahresplan von 1961 bis 1969 wurden Fehler aufgezeigt und eine Neubewertung unter Berücksichtigung der industriellen Entwicklung vorgenommen. Demnach wurden nicht mehr ausschließlich Landarbeiter umgesiedelt, sondern die Siedler wurden nach dem Bedarf an Arbeitskräften ausgewählt.

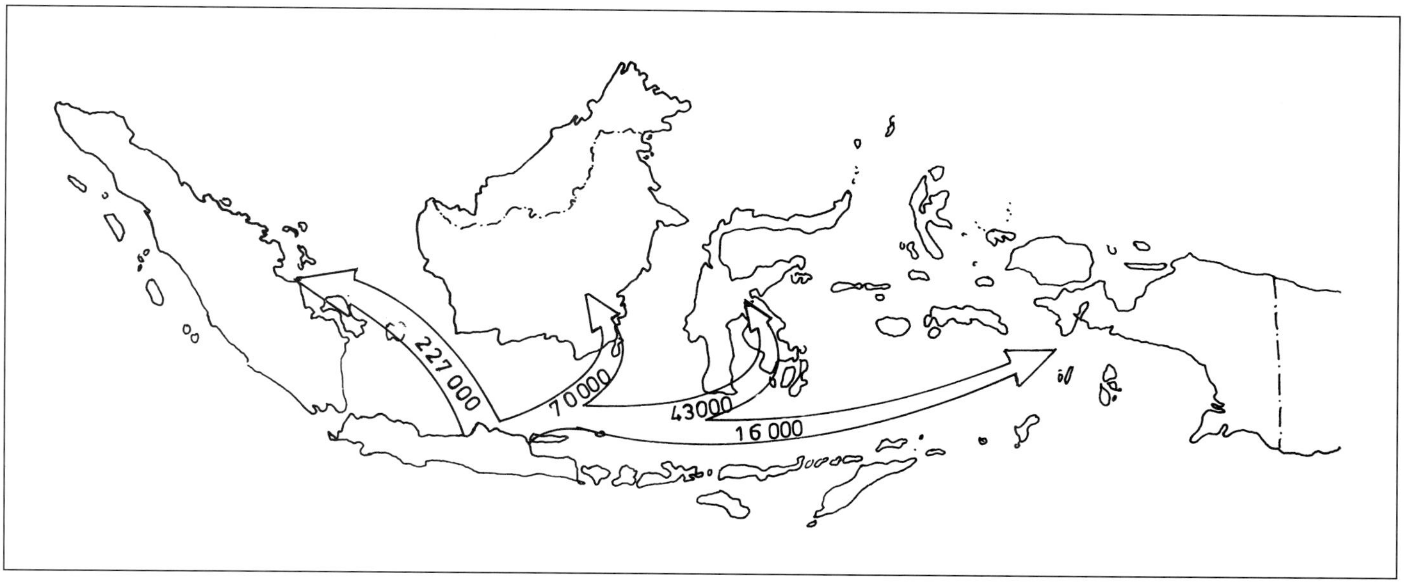

*Umgesiedelte Familien in Indonesien*

Trotz der Verbesserungen kam es wegen schlechter Organisation und übergroßen Erwartungen oft zu einer Frustration der Siedler, so daß viele von ihnen schon nach kurzer Zeit in ihr Heimatdorf zurückgekehrt sind. Neben der Korruption war die schlechte Organisation Hauptgrund für das Scheitern vieler Projekte. So war manchmal das Land bei Ankunft der Siedler nicht vorbereitet. Aber auch die Auswahl der zu besiedelnden Gebiete wurde nicht nach ökonomischen Kriterien getroffen, allzu oft spielten persönliche Gründe eine wichtige Rolle. Manche Siedlungen mußten sogar wieder verlassen werden, da sich ihre Einwohner mit den zur Verfügung stehenden Agrarflächen nicht ernähren konnten. 1972 waren von 124 Projekten nur 37 abgeschlossen, alle anderen waren noch unter staatlicher Kontrolle.

Gemessen an der heutigen Bevölkerungszahl von 180 Millionen erscheint die Zahl der Umgesiedelten marginal. Ihre Wichtigkeit wird eher in der Ansiedelung von Arbeitskräften in unterbevölkerten Regionen gesehen als in einer spürbaren Verdünnung der Bevölkerung in Java, Bali oder Lombok. Alle Umsiedelungen seit der holländischen Kolonialzeit betragen nicht mehr als der natürliche Zuwachs von zwei Jahren. Bei einem Bevölkerungswachstum von jährlich 1,8 % ist in 34 Jahren mit einer Verdoppelung der Einwohner zu rechnen. Daran ist zu erkennen, daß die oft schmerzlichen Umsiedelungen nur ein kleiner Beitrag zur Bevölkerungspolitik sind und eher als wirtschaftliche Maßnahme gesehen werden müssen.


*Literatur:*
*Sjamsu, Amral: Dari Kolonisasi ke Transmigrasi. Jakarta 1960*
*Hardjono, J. M.: Transmigration in Indonesia. Kuala Lumpur 1977*


*Siedlerhäuser in Flores*

## Die Überseechinesen

Die Große Mauer Chinas wurde als Schutz gegen Übergriffe aus dem Norden errichtet, nach Süden war das Reich seit jeher offen und lange Zeit ohne festgesetzte Grenzen. Die Länder des Südens wurden als Vasallenstaaten angesehen, bis zum heutigen Tag haben China und seine südlichen Nachbarn eine unterschiedliche Auslegung des jeweiligen Grenzverlaufs. Der Süden war für die Chinesen immer ein Hoffnungsgebiet, die Namen Annam (südlicher Friede) oder Yunnan (südlich der Wolken) sprechen hier eine deutliche Sprache. Die angrenzenden Völker waren mit chinesischer Kultur vertraut und standen daher bei diesen in höherem Ansehen als die übrigen Nachbarvölker.

Durch die geographischen Gegebenheiten waren die Südchinesen die ersten, die ihr Glück in der Ferne suchten. Die Bewohner des Südens und des Nordens Chinas weisen grundlegende Unterschiede auf. Nach Liang Qi Chao[1]) sind die Nordchinesen realistisch, aktiv, an Politik interessiert, haben einen Hang zur Fremdenfeindlichkeit und lieben die hierarchische Ordnung. Die Südchinesen hingegen sind eher idealistisch, passiv, der Spekulation verbunden, leben in Bescheidenheit und sind Neuem gegenüber aufgeschlossen. Die ersten Auswanderer waren daher auch die Hakka, eine Bevölkerungsgruppe, die schon nach Südchina als Einwanderer kam.

Ende des 18. Jahrhunderts kam es in China zu einer enormen Bevölkerungsvermehrung, ohne daß die landwirtschaftliche Produktion wesentlich gesteigert werden konnte. Damit war eine erste Auswanderungswelle eingeleitet worden. Verstärkt wurde sie während des Taiping Aufstands von 1848 bis 1865, als Rebellen ganze Landstriche überfielen und verwüsteten. Ab Ende des 19. Jahrhunderts gab es bereits große Auswandererorganisationen. Diese heuerten in den südchinesischen Städten Kulis für die Plantagen und Bergwerke der Kolonien europäischer Großmächte an. Die chinesischen Arbeiter wurden wegen ihrer Disziplin und Ausdauer von den Kolonialmächten gegenüber der lokalen Bevölkerung als Arbeiter bevorzugt.

Die Entscheidung zur Auswanderung wurde in den seltensten Fällen von den Auswanderern selbst getroffen. Am Anfang entschied noch der Ältestenrat, wer wohin zu gehen hatte, um damit dem Ort ein höheres Einkommen zu ermöglichen und die Familien zu entlasten. 70 % wurden durch wirtschaftlichen Druck getrieben, 20 % kamen Verwandten nach, die früher in den Süden gezogen waren. Ein Auswanderer war in der chinesischen Gesellschaft nicht besonders gut angesehen. Erstens vertrug es sich nicht mit dem Führungsanspruch des chinesischen Volkes, unter fremder Aufsicht zu arbeiten und zweitens war es den Auswanderern nicht mehr möglich, die Gräber ihrer Ahnen zu versorgen, was im Konfuzianismus ein schwerwiegendes Vergehen darstellt. Wer es sich leisten

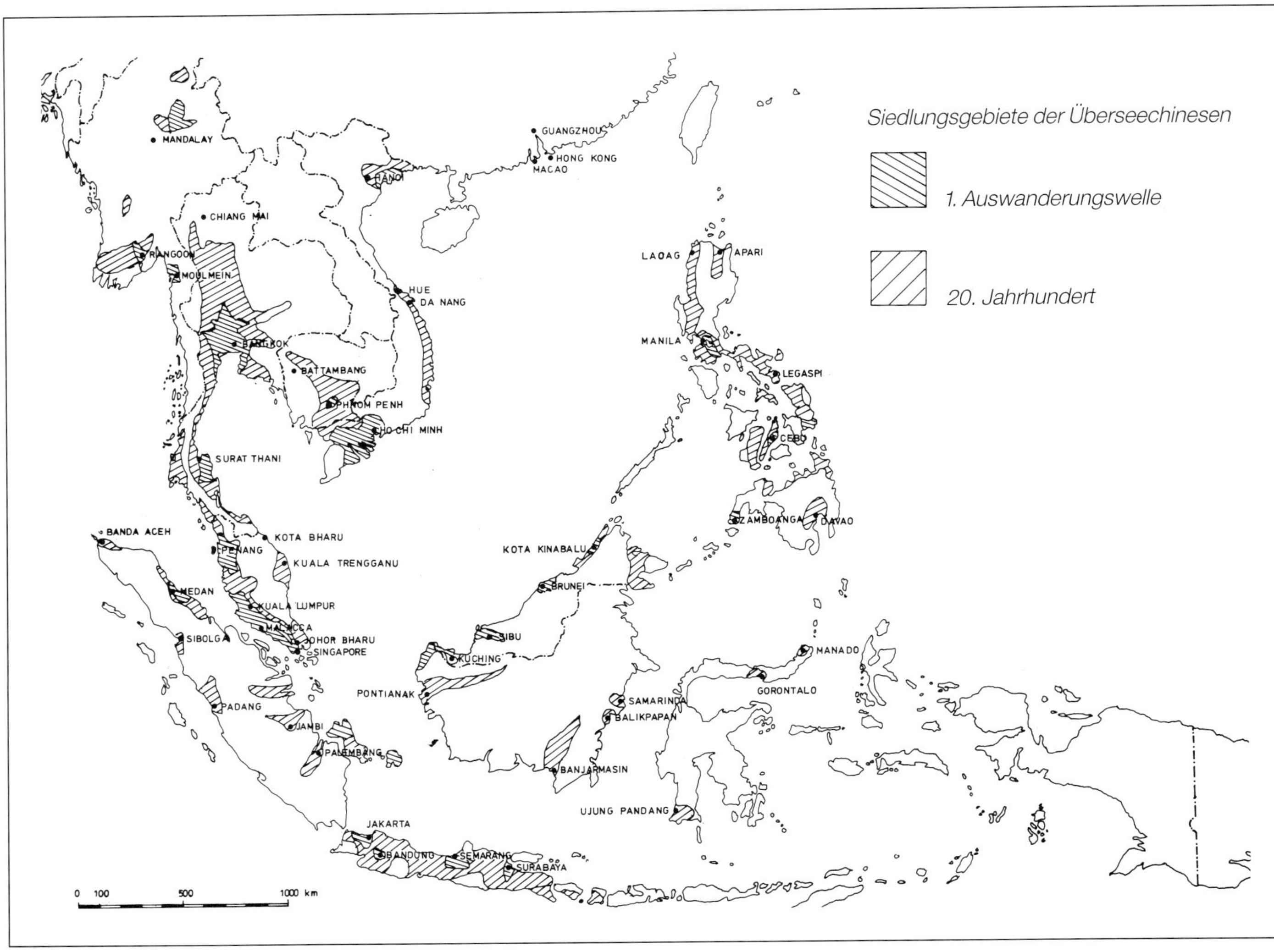


konnte, vermied es daher, seine Heimat zu verlassen. Viele Chinesen zogen nur für wenige Jahre in die Fremde, um sich dort ein Startkapital für eine sichere Existenz in der Heimat anzulegen. Es wurde auch ein »credit ticket system« eingeführt, bei dem sich Mittellose einer Kompanie verdungen hatten und den Fahrlohn von ihrem Arbeitslohn später abgezogen bekamen.

Obwohl die soziale Stellung der Hua Qiao, wie die Überseechinesen in ihrer Heimat genannt werden, relativ schlecht ist, hat sie doch die Regierung immer als Bestandteil des Reiches gesehen. Noch über viele Generationen hinweg wurden sie als Untertanen des Kaisers bezeichnet. So sandte zum Beispiel 1905 der Mandschu-Kaiser eine Delegation nach Südostasien, um das dortige Schulsystem zu kontrollieren. Selbst 1912, im ersten Jahr der Republik, wurde noch festgestellt, daß alle Chinesen Bürger des Reichs der Mitte sind. 6 von 174 Senatoren vertraten in der Heimat ihre Interessen. Erst 1955 wich Ministerpräsident Chou Enlai auf der Konferenz von Bandung von dieser Maxime ab. Trotzdem mußten Chinesen, die sich nicht zur aktuellen Politik ihres Heimatlandes bekannten, noch lange mit der Verfolgung ihrer Verwandten in der Volksrepublik rechnen.

Heute leben rund 10 Millionen Chinesen in Südostasien, Hong Kong und Macao nicht mit eingerechnet. Einige Städte, Malakka, Penang oder Singapore, aber auch ganze Regionen, wie zum Beispiel einige Teile Borneos, sind stark vom Chinesentum geprägt. Nicht umsonst heißt es in Asien: Wo ein Chinese ist, ist auch China. Sie brachten ihren Lebensstil in die neue Heimat und mischten sich nur selten mit der Lokalbevölkerung. Deswegen sind auch die best erhaltenen chinesischen Stadthäuser in den chinesischen Gemeinden Südostasiens zu finden.

*Chinesen in Malakka*

*[1]) Liang Qi Chao, 1873–1929, Reformer*

*Literatur:*
*Leifer, Walter: China schaut südwärts. Würzburg 1961*
*Ta, Chen: Emigrant Communities in South China. New York 1940*
*Lim, L.; Goshing, P.: The Chinese in SE-Asia, Vol 1. Singapore 1983*
*Jeromin, Ulrich: Die Überseechinesen. Stuttgart 1966*
*Robequain, Charles: Malaya, Indonesia and the Philippines. London, New York, Toronto 1954*

## Landflucht

Ein entscheidender Bereich der großmaßstäblichen Umsiedelungen ist die Landflucht. Es handelt sich hier selbstverständlich nicht um ein spezifisch asiatisches Problem, sondern seit ca. 1850, beginnend in Europa, treten weltweit, auch in den entwickelten Ländern, die gleichen Symptome auf. Täglich verlassen viele Menschen ihr Dorf, um in der Stadt bessere Lebensbedingungen zu suchen. Die Existenzgründung in der Stadt bedarf eines niedrigeren Startkapitals als auf dem Land, man kann eine Reihe von Dienstleistungen ausführen, ohne dafür eine Vorleistung oder ein Kapital aufbringen zu müssen. Es ist daher verständlich, daß die Stadt die Hauptlast des Bevölkerungswachstums zu tragen hat. Es dauerte bis zu Beginn der Neuzeit ca. 1000 Jahre, bis sich die Bevölkerung verdoppelt hatte, von 1750 bis 1900 kam es aber zu einem Zuwachs von 800 Millionen Menschen, was einer Verdoppelung in nur 15 % der ursprünglichen Zeit entsprach. Seit damals haben wir uns vervierfacht. Bis zum Jahr 2000 wird mit einem Zuwachs von weltweit 1,5 Milliarden Menschen gerechnet, wobei 1 Milliarde davon alleine auf Asien entfällt.

Die historische Stadt war in erster Linie Machtzentrum, die Produktion blieb aber den Landgebieten vorbehalten. Erst die Verlagerung der Produktion führte zu einem überproportionalen Anwachsen der Städte. Im Europa der industriellen Revolution konnte parallel zu dieser etappenweisen Entwicklung die Stadtstruktur, wenn auch verspätet, den neuen Verhältnissen angepaßt werden. Die direkte Übertragung europäischer Stadtmuster auf Länder der Dritten Welt führte während der Kolonialzeit zu einem Zusammenbruch der alten Strukturen, ohne daß neue aufgebaut worden wären.

Die extreme Urbanisierung ehemaliger Kleinstädte, bedingt durch Bevölkerungsexplosion, Landflucht und Verlagerung des Bedarfs an Arbeitskräften, stellte die Stadtverwaltungen vor das unlösbare Problem, die nötige Infrastruktur und Landfläche zeitgerecht zur Verfügung zu stellen. Die lokalen Verhältnisse verhindern rasche Lösungen: Über Jahrhunderte festgelegte Besitzverhältnisse können nicht spontan den neuen Gegebenheiten entsprechend geändert werden, die Planungsmechanismen, oft selbst noch im Aufbau begriffen, arbeiten ineffizient und hinken der Realität nach. Bevor eine Lösungsmöglichkeit ins Auge gefaßt wurde, war die Ausgangsposition bereits soweit verschoben, daß ein neuer Ansatzpunkt gesucht werden mußte.

Die Deklaration von Rom 1980 über Bevölkerung und städtische Entwicklung kam unter anderem zu folgenden Schlüssen:

- Ende des 20. Jahrhunderts werden 50 % der Weltbevölkerung in urbanen Bereichen leben, davon allein 60 % in der Dritten Welt.
- Die Zahl der 5-Millionen-Städte wird von 26 im Jahre 1980 auf 60 Ende des Jahrtausends steigen, ihre Bevölkerung von 252 Mio. auf 650 Mio. 45 dieser Megacities liegen in der Dritten Welt.

Das spezifische Problem Asiens ist die Lage und das Zustandekommen der Megastädte. Die meisten sind Hafenstädte wie Calcutta oder Bombay, die sich ab dem 17. Jahrhundert entwickelt haben. Schon damals wurde durch eine Zentralisierung auf die Stadt, ohne das Hinterland zu fördern, der Grundstein für die heutige Misere gelegt. Das Wachstum der Städte wurde vorangetrieben, ohne eine Versorgung ihrer Bewohner sicherzustellen. Dieser Trend setzte sich nach der Entkolonialisierung durch private Investoren fort. Zurückgeblieben sind urbane Regionen, die von ihrem Umfeld abgelöst und allein nicht lebensfähig sind.

Obwohl zwei Drittel der gesamten Wohnungsnot auf dem Land herrscht, ist dem restlichen Drittel in der Stadt schwerer zu begegnen. Während das Wohnproblem auf dem Land in erster Linie ein finanzielles ist, kommt in der Stadt der Flächenfaktor dazu, der zusätzlich den Preis steigert. Im Vergleich zu den besseren Stadtgebieten wachsen Slums und Squatters bis zu viermal so schnell. Im Durchschnitt lebt in Asien fast die Hälfte der städtischen Bevölkerung in Wohngebieten, die den Mindestanforderungen wie Wasserversorgung, Kanalisation, Beleuchtung etc. nicht standhalten können.

Lebten 1950 in den urbanen Gebieten 16 % der Bevölkerung, waren es 1985 bereits 29 %. Es wird erwartet, daß bis zum Jahr 2000 zusätzlich 360 Millionen Menschen am Land und 700 Millionen in

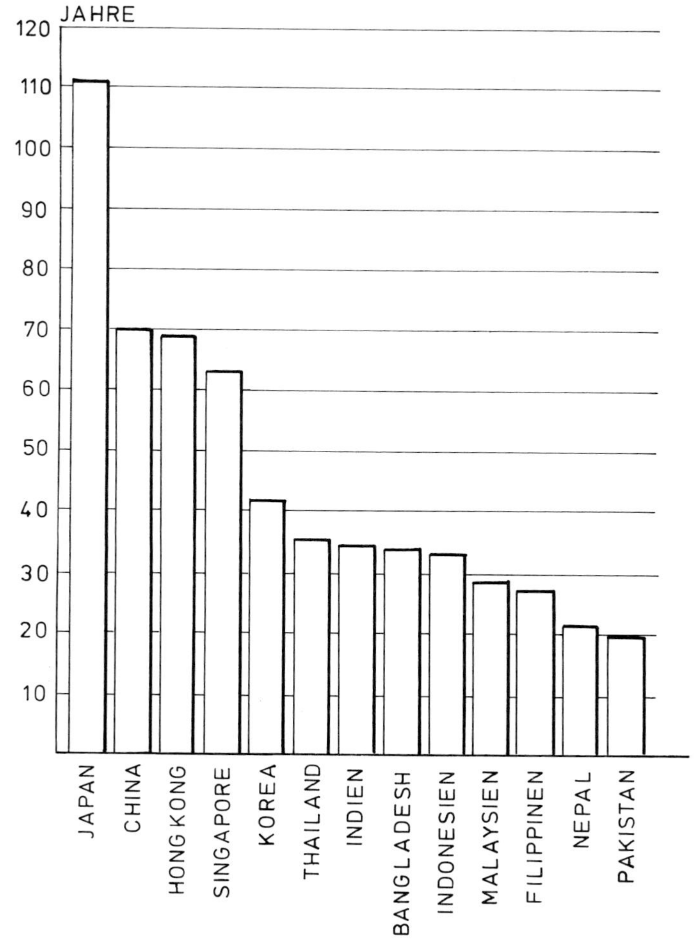


*Bevölkerungsverdoppelung in Jahren*

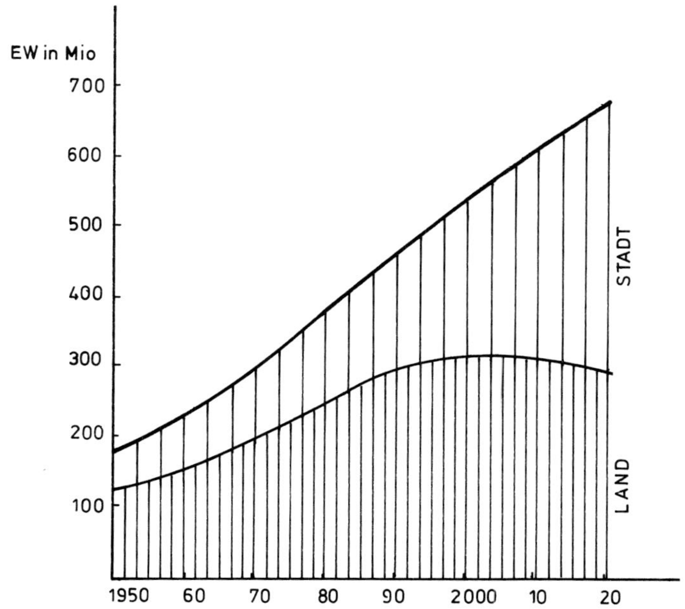


*Erwartete Bevölkerungszunahme auf dem Land und in der Stadt*

der Stadt zur derzeitigen Bevölkerung dazukommen, wodurch sich das Verhältnis Land–Stadt auf 60 zu 40 verschieben wird. Im Zeitraum von 1950 bis 1985 haben sich die Städte mit 1 bis 4 Millionen Einwohnern vervierfacht, in 10 Jahren wird damit gerechnet, daß 25 Supercities in Asien 282 Millionen Menschen beherbergen.

Asiens Megacities in Mio. Einwohner

| 1985 | Stadt | 2000 |
|---|---|---|
| 18,8 (1) | Tokyo/Yokohama | 20,2 (1) |
| 12,0 (2) | Shanghai | 14,3 (4) |
| 16,5 (3) | Calcutta | 11,0 (2) |
| 10,3 (4) | Seoul | 13,8 (5) |
| 10,1 (5) | Bombay | 16,0 (3) |
| 9,5 (6) | Osaka/Kobe | 10,5 (9) |
| 9,3 (7) | Beijing | 11,2 (8) |
| 7,9 (8) | Jakarta | 13,3 (6) |
| 7,9 (9) | Tianjin | 9,7 (10) |
| 7,4 (10) | New Delhi | 13,2 (7) |

Quelle: Far Eastern Economic Review März 89

Die meisten Lösungsversuche der Probleme der heutigen Großstädte gehen von einer Dezentralisierung aus. Der in den 70er Jahren entwickelte »Growth Centre Approach« basiert auf einer Belebung des städtischen Umraumes, der durch seine Dynamik und seinen Aufschwung die angrenzenden Gebiete mitreißen sollte. Da die asiatischen Megastädte aber nicht hierarchisch gegliedert sind, kam dieser Schneeballeffekt nicht zum Tragen. Ein erfolgreicheres Modell stellt die Verlagerung der städtischen Infrastruktur auf das Land dar. Versorgung, Schulen, Spitäler und vor allem Kleinindustrie sind die Anziehungspunkte in der Stadt. Ihre Verlegung auf das Land, gemeinsam mit einer Stärkung der wirtschaftlichen Basis der Landbevölkerung, kann den Zuzug in die Großstädte bremsen. Die Lösung der Probleme der Megacities muß daher langfristig im Umland gesucht werden und kann sich nicht durch planerische Maßnahmen im Stadtgebiet, die kurzfristig zu Erleichterungen führen, erschöpfen.

*Straßenbewohner in Indien*


*Literatur:*
*Hauser, Philipp: Population and the Urban Future. Albany, New York 1982*
*Human Settlement Atlas for Asia and Pacific. UN 1984*
*Hansen, N.: Growth Centres in Regional Economical Development, New York 1972*
*Johnson, E.A.J.: Organization of Space in Developing Countries. Cambridge Mass., 1970*
*Madhra, Rao: Modern Trends in Housing in Developing Countries. London 1984*
*Adams, Robert: The Origin of Cities. Scientific American, Vol. 203, Sept. 1960*
*Yeh, Gou; On, Anthony: Urban System Structures and Development in the Filippines, Syracuse 1980*
*Far Eastern Economic Review, Jan. 4th 1990*


*Verstädterungsgrad asiatischer Länder in %*

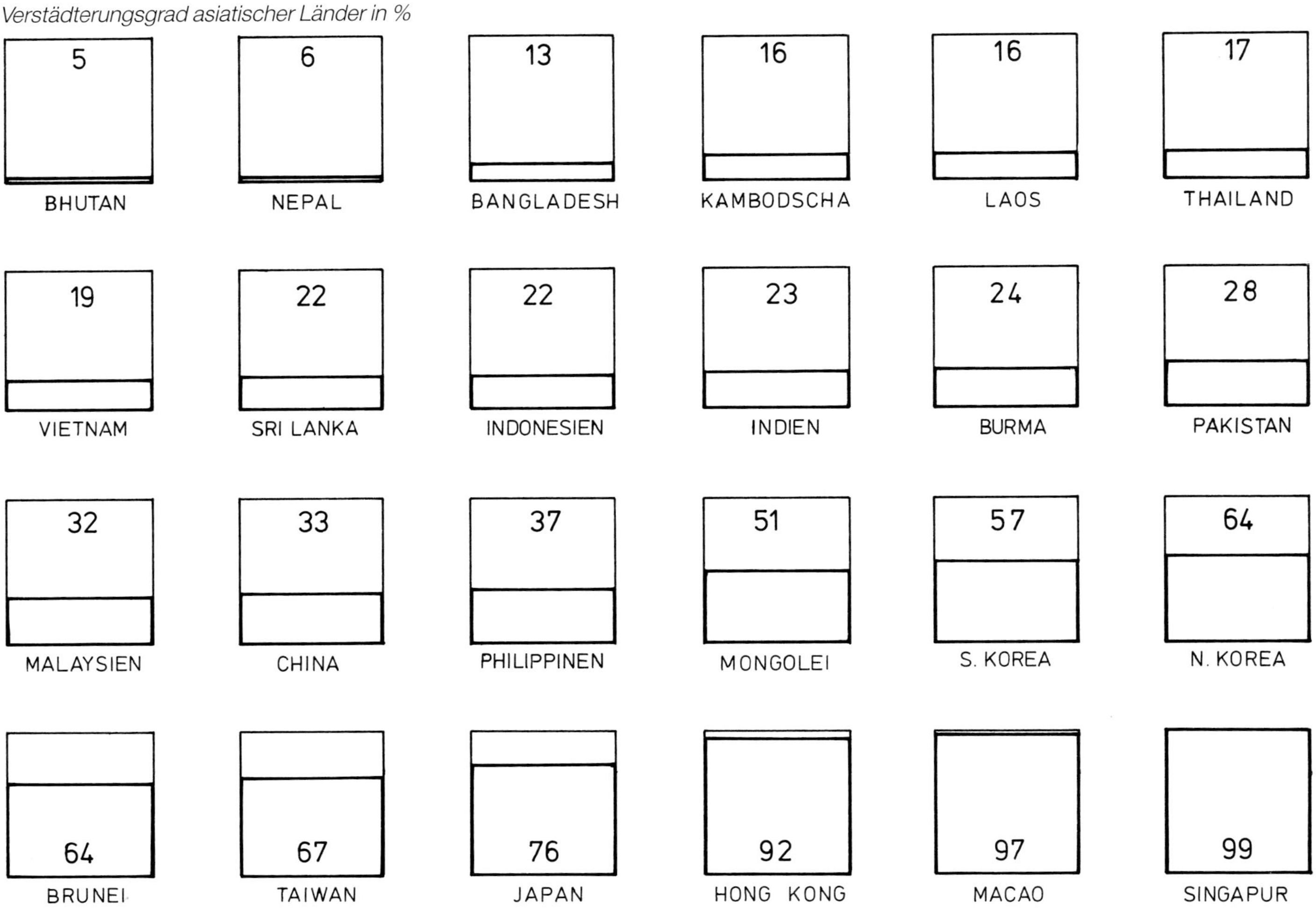

# Die Stadt in Asien

## Älteste Siedlungen

Nach dem heutigen Stand der Forschung kann davon ausgegangen werden, daß die ersten urbanen Siedlungen in Asien entstanden. Ab dem 5. Jahrhundert v. Chr. gab es einige wichtige Siedlungen, Jericho im Jordangraben, Ban Po in Zentralchina und Mohenjo Daro im Industal. Jericho wird als älteste Siedlung der Welt aus dem 7. Jahrhundert v. Chr. angesetzt und zeichnete sich durch umfangreiche Befestigungen aus.

Ban Po, am Mittellauf des Gelben Flusses, der »Wiege der hanchinesischen Kultur«, wird mit 5000 v. Chr. datiert. Die Siedlung hatte eine Fläche von ca. 50 000 $m^2$ und einen ovalen Grundriß. Die befestigte Anlage beinhaltete ein Gemeindehaus, zahlreiche Wohnhäuser, Speicher und Stallungen. Charakteristisch für die Wohnhäuser ist ihre Bauweise, die noch sehr an das Zelt oder die Jurte erinnert: Auf einem gemauerten Grundriß, meist rund, seltener quadratisch, wurden durch Holzpfosten Wand und Dach angesetzt.

Mohenjo Daro, das Zentrum der Harappakultur, am Ufer des Indus im heutigen Pakistan gelegen, ist das früheste Beispiel einer Siedlung, die durch Baumassen Negativraum geschaffen hat, der als Straße und Platz genutzt wurde. Die Anlage besteht aus einer Akropolis, mit einem »großen Bad« und einem »Kornspeicher«, und einer Unterstadt. In dieser Unterstadt sind einige Stadtteile zu erkennen, die durch ein Gewirr von Straßen und Gassen gekennzeichnet sind. Der Bereich DK-G, ab 1927 von Ernest Makay ausgegraben, besteht aus 28 Großblöcken mit mehr als 90 Hauseinheiten. Bemerkenswert ist ferner, daß die gesamte Stadt aus Ziegeln im Format 7 x 15 x 31 cm, einem Maß, das unserem heutigen Einhandziegel entspricht, errichtet wurde.

*Mohenjo Daro*

*Ban Po*

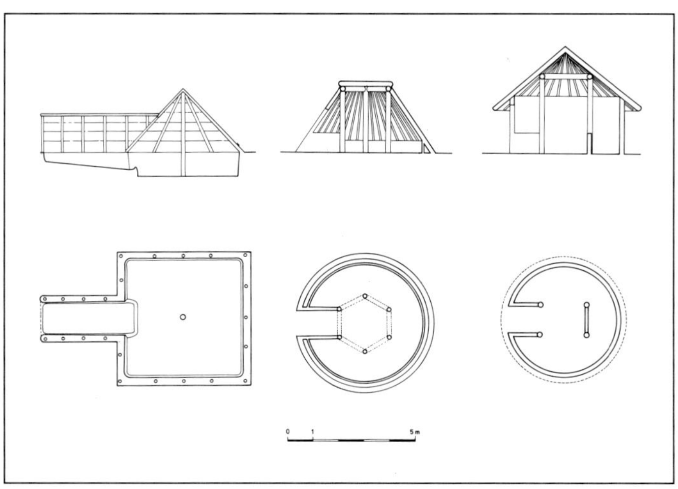


*Mohenjo Daro, ~2000 v. Chr.*

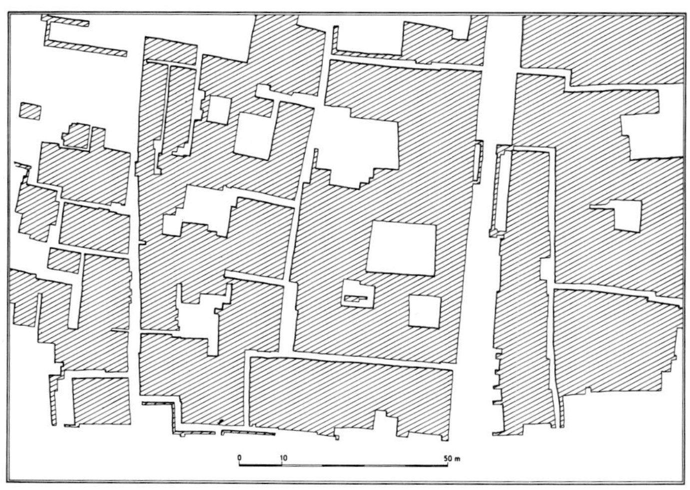

## Traditionelle Stadtplanung in Indien

Die Stadtplanung und Architektur Indiens basieren auf transzendenten Vorstellungen der kosmischen Ordnung. Neben Ritual und Mythen ist die Stadtplanung ein gleichwertiges Medium der Spiegelung dieses Systems. Diese drei Faktoren sind eng miteinander verknüpft, da der Ritus auf großangelegten Umzügen basiert, dem sich die Stadtplanung unterzuordnen hat. Die Orientierung der Gebäude und ihre Lage in der Stadt sind daher von größter Wichtigkeit.

*Prozession*

Die traditionelle indische Stadt war meist um eine Tempelanlage herum gewachsen. Hatte ein Raja in einem neuen Gebiet seine Macht konsolidieren können, war die Gründung einer Tempelanlage ein erster Ausdruck für die Erweiterung seines Einflußbereichs. Durch die zahlreichen Funktionen, die ein Tempel erfüllen muß, kommt es parallel zur Tempelgründung zu einem starken Zuzug von Menschen, der zwangsweise in einer Stadtgründung endet.

Ein besonderes Merkmal der indischen Stadt ist die Tatsache, daß ihre Gründung oft mit einem bestimmten Ereignis verbunden ist. Ihre Hauptachse ist nicht nach einer Himmelsrichtung ausgerichtet, sondern in Erinnerung an ein bestimmtes Datum, zum Beispiel den Sonnenaufgang am Tag der Tempelweihe. Damit kommt die Zeit als Parameter in das Konzept der Stadtgründung, und es wird dieses Tages durch Umzüge und Feste in Form einer kollektiven Erinnerung gedacht.

Die Stadt ist durch Hauptstraßen und Plätze in sich gegliedert. Diese öffentlichen Räume werden intensiv als Lebensraum genutzt und sind in ihrer Anlage von Ritualumzügen geprägt. Dabei werden

*Tempel als Mittelpunkt der Stadt*

meist Standbilder getragen, die in einer bestimmten Reihenfolge vor heiligen Häusern präsentiert werden, die auf den wichtigsten Plätzen stehen. Gleichzeitig teilen die Hauptstraßen den Ort in verschiedene Quartiere, die jeweils unterschiedlichen Kasten zugeordnet sind.

Trotz mannigfacher kultureller Überlagerung entspricht das typische indische Stadthaus noch immer dem Aufbau der Häuser von Mohenjo Daro. Von der Straße aus wird ein Hof erschlossen, von dem aus die einzelnen Zimmer betreten werden können. Bis zur

*Shrirangam, südindische Stadtgründung*

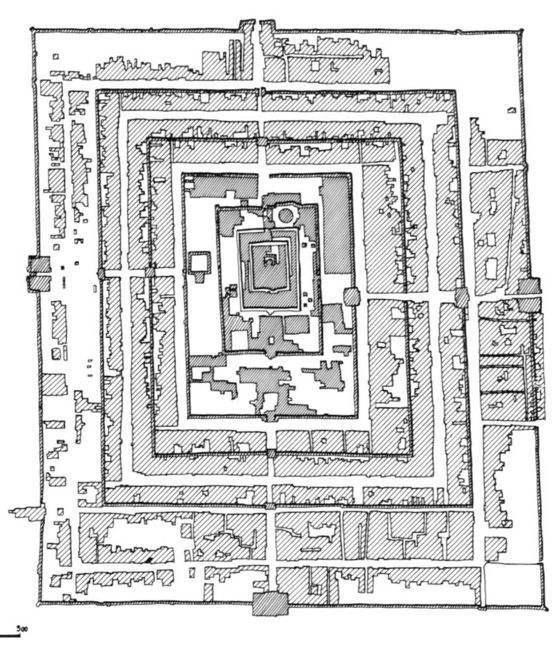

*Lahore*

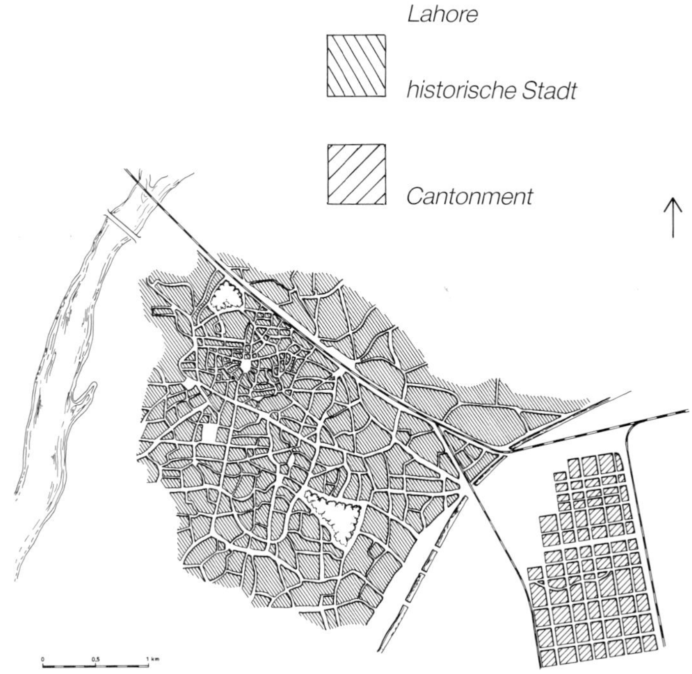

Moghulzeit war der Lehmbau vorherrschend, erst später wurden Holz und Stein als Baumaterial öfters verwendet, wobei aber auch hier religiöse Vorschriften eine große Rolle spielten.

Mit der Machtergreifung der islamischen Moghulen kam ein neuer Typ von Stadt nach Indien. Ursprünglich als Eroberer ins Land gekommen, war es ihnen wichtig, großangelegte Festungsanlagen zu errichten. Um diese Festungen entwickelten sich Städte, die nicht dem klassischen Prinzip der Hindustadt entsprachen. Zentrum hierbei bildete die Moschee, in deren Nähe meist ein Bazaar lag. Die Orientierung der Moschee wirkte sich natürlich stark auf den Grundriß der umgebenden Anlagen aus.

Als die englische Kolonialregierung ihren Machtbereich weiter auf das ganze Land ausdehnte, mußten in der Folge Unterkünfte für die Beamten geschaffen werden. Das führte zu einem neuen Typ von Stadt, dem »cantonment«. Meist wurden diese Städte in sicherer Entfernung zur indischen Stadt errichtet, hatten keinerlei Bezug zu dieser und waren davon völlig unabhängig. Einerseits waren sie ein Symbol englischer Macht, andererseits lagen ihrer Planung in erster Linie Sicherheitsinteressen zugrunde. In ihrem Aufbau entsprachen sie einer Militärkaserne, die auch meist das Herzstück der Anlage darstellte: eine reine Rasterstadt, mit den Schwerpunkten Militär, Verwaltung und Bahnstation. Selbst innerhalb dieser cantonments waren die reinen Wohngebiete abgesondert.

*Stadt in Rajestan*

## Die Stadtentwicklung im Malaiischen Archipel

Seit dem 8. Jahrhundert ist die Existenz großer hinduistischer Königreiche auf Java und Sumatra bekannt. Auf diese Zeit geht die Gründung der ersten bekannten Siedlungen zurück, frühere Quellen oder Zeugnisse sind nicht bekannt. Von diesen ganz frühen Siedlungen existieren heute noch ca. 60% als Teil der urbanen Struktur, einige wenige haben sogar ihre Bedeutung erhalten können.

Im 15. Jahrhundert wurde diese alte Ordnung durch islamische Herrschaftsbereiche überlagert. Wenig später schon traten die ersten Europäer in diesem Raum auf und errichteten Handelsniederlassungen, die in der Folge zu regionalen Zentren heranwuchsen. Man kann hierbei von der zweiten Generation der Stadtgründung sprechen.

Die dritte Generation bilden zweifellos die kolonialen Machtzentren, die durch Handel und Verwaltung in kurzer Zeit eine große Bevölkerung akkumulierten. Diese Niederlassungen sind auch heute noch die wichtigsten Städte in bezug auf Handel und Einfluß. Hierbei wurden bestehende Kleinstädte, die verkehrstechnisch günstig lagen, umstrukturiert und für die neuen Aufgaben herangezogen. Neugründungen im Sinne der englischen cantonments wurden nicht errichtet.

Die vierte und jüngste Generation bilden jene Städte, die durch die Industrialisierung zu einer neuen Bedeutung gekommen sind. Dabei handelt es sich hauptsächlich um Hafenstädte, die den Verkehr zwischen den Inseln abwickeln, und um Zentren der Erdölindustrie oder Plantagenwirtschaft. Besonders in den bis vor kurzem

*Yogjakarta*
*1 Kraton, Palast*
*2 Verwaltung*
*3 Kampong, Wohnbezirke*

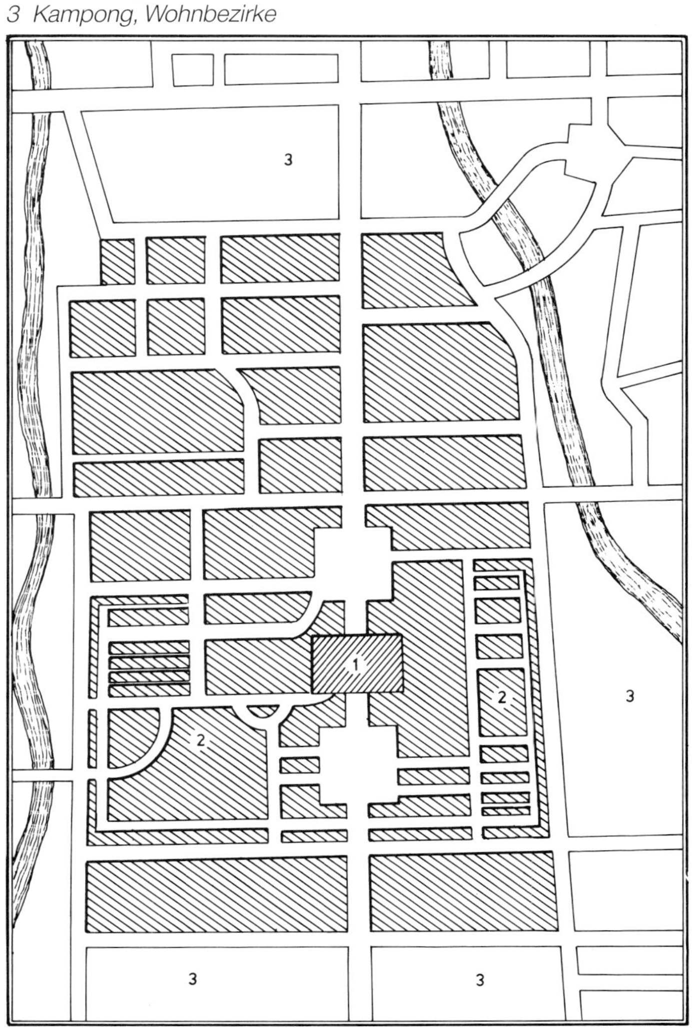

wirtschaftlich benachteiligten Inseln Sumatra und Borneo hat die Erdölindustrie zu einem enormen Strukturwandel geführt.

Die Anlage der Städte geht auf hinduistische Traditionen zurück: ein zentraler, viereckiger Marktplatz mit anschließendem Palast, daran angrenzend weitere öffentliche Gebäude und Häuser der höheren Beamten. Die restliche Stadt ist durchwegs ebenerdig angelegt. Sie ist in »kampongs«, zusammenhängende Quartiere, gegliedert. Diese kampongs sind von ihrer Struktur her völlig unterschiedlich, sie können lose Siedlungen mit Agrarflächen zwischen den Häusern sein oder kompakte Squatter aus Blech, Holz und Beton.

Ursprünglich gab es eine strikte Trennung von Wohn- und Geschäftsvierteln. Die kampongs waren reine Wohngebiete, während die Geschäfte an Verkehrsstraßen und Flußufern lagen. Diese waren meist zweigeschossig und wurden fast ausschließlich von Chinesen betrieben und bewohnt. Erst in neuerer Zeit ufern die Geschäftsviertel auch in die Wohngebiete aus.

*Palast Yogjakarta*

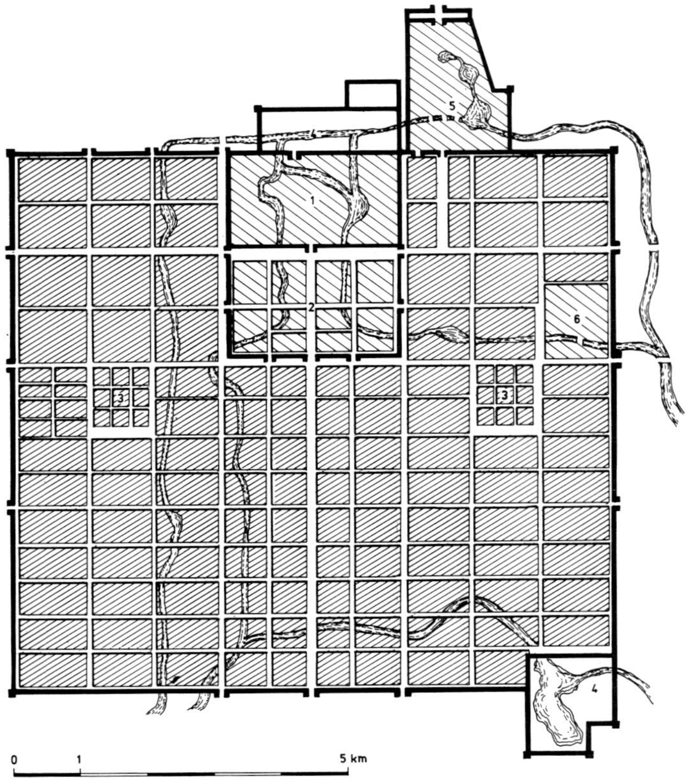


*Chang'an*
*1 Palaststadt*
*2 Kaiserstadt*
*3 Markt*
*4 Park*
*5 Palast der Klarheit*
*6 Xingqing Palast*

## Die Entwicklung der chinesischen Stadt

China hat weltweit die vielleicht längste kontinuierliche urbane Tradition. Obwohl die Urbanisationsrate relativ gering war (ca. 10%), gab es, schon allein durch die Größe des Landes, eine enorme Anzahl von Großstädten. Xi'an, Kaifeng, Hangzhou und Beijing waren zur Zeit ihrer größten Bedeutung auch weltweit die bevölkerungsreichsten Städte.

Charakteristisches Merkmal der chinesischen Stadt ist die Mauer (»CHENG« bedeutet sowohl »Stadt« als auch »Mauer«). Diese war in der Regel aus Ziegel oder Lehm, diente nicht nur dem Schutz der Bevölkerung, sondern auch, besonders bei größeren Städten, als Symbol der Staatsmacht. Hauptfunktionen der Städte waren in erster Linie die Verwaltung sowie die Lagerung und Verteilung der landwirtschaftlichen Güter. Als idealer Grundriß wurde das Quadrat angesehen, das von zwei Hauptstraßen in vier Teile geteilt wurde. Im Zentrum lagen die Regierungsgebäude und großen Tempel. Oft waren die einzelnen Wohngebiete durch interne Mauern abgesondert.

Die Dichte der chinesischen Städte nahm im Laufe der Entwicklung kontinuierlich zu. In Chang'an gab es innerhalb der Mauern noch Gärten, Felder und Brachland. Hangzhou dagegen war im 12. Jahrhundert bereits vollständig besiedelt und hatte erstmals eine durchgehende Straßenfront, die Marco Polo und selbst die Chinesen äußerst beeindruckt hatte. Ihre Größe entsprach damals der einer europäischen Hauptstadt des 20. Jahrhunderts, sie hatte eine Dichte von über 800 Einwohner pro Hektar und fünfgeschossige Gebäude.

Das Baumaterial für die Privathäuser war fast ausschließlich Holz. Das liegt nicht nur an seiner leichten Verarbeitbarkeit, sondern auch an der Lebenseinstellung der Chinesen, die organische Materialien für ihre Wohnungen bevorzugten. Außerdem ist die chinesische Kultur eine prinzipiell konservative, das heißt, bewährte Lösungen wurden ohne Innovationen über Jahrhunderte hinweg fortgeführt. Dadurch kam die Holzbearbeitung auf eine sehr hohe Entwicklungsstufe, es wurden standardisierte Formen verwendet und sehr früh schon in Massenproduktion gefertigt. Einen weiteren Vorzug der Holzkonstruktion bietet die relativ einfache Transportmöglichkeit der Einzelteile.

Der Beruf des Architekten war im historischen China nicht bekannt. In der Architektur gab es keine Variation, alles war durch Gesetze, Brauchtum und Konvention geregelt. Individualität wurde nicht angestrebt, Gebäude wurden nach Kategorien bei Zimmerleuten bestellt. Die Gelehrten Chinas beschäftigten sich mit Dichtung, Malerei und Kalligraphie, eine Auseinandersetzung mit der gebauten Masse, wie es unter den Gelehrten Europas häufig der Fall war, kam nicht zustande. Großgebäude wie Tempel und Paläste, die die Fähigkeiten der Zimmerleute überstiegen, wurden von Beamten des Ministeriums für öffentliche Arbeiten geplant.

Mit dem massiven Auftreten der Europäer und der Errichtung von Handelsniederlassungen änderte sich erstmals die Bedeutung der Städte: Sie wurden nicht mehr als Zweig der Zentralregierung gesehen, sondern hatten ihre eigenen Aufgaben. Der Einfluß der Kolonialmächte manifestierte sich natürlich nicht nur in den Vertragshäfen, sondern in der Folge auch in der näheren Umgebung. Es entwikkelte sich eine Händlerschicht, die zwischen Ausländern und Chinesen vermittelte, bald zu großem Reichtum kam und in vieler Hinsicht europäische Lebensformen imitieren wollte.

Einen entscheidenden Bruch mit der Tradition, zumindest in formaler Hinsicht, brachte der Sieg der Kommunisten 1949. Die Kommunistische Partei Chinas war immer pro-rural und anti-urban. Während der russische Kommunismus in der städtischen Arbeiterschaft wurzelt, begründet sich der chinesische in Aufständen der Bauern. Als Bauernsohn hatte Mao, wie die Landbevölkerung im allgemei-

*Siedlung in Innerer Mongolei, errichtet während der Kulturrevolution*

nen, eine traditionelle Ablehnung gegen die Stadt, die für ihn das Symbol der staatlichen Unterdrückung darstellte.

Die ablehnende Haltung der chinesischen Kommunisten der Stadt gegenüber war aber nicht nur freiwillig zustandegekommen, sondern durch zwei Jahrzehnte im Untergrund in Yenan waren sie von der urbanen Entwicklung abgeschlossen, sie hatten gar nicht die Möglichkeit, eine Parteistruktur in den Städten aufzubauen. 1939 waren nur 3 % der Parteimitglieder aus der Stadt, praktisch alle Führerpersönlichkeiten stammten aus Bauernfamilien. Diese Führer sahen durch die Möglichkeiten und Versuchungen des Stadtlebens ihren Einfluß und die Ideologie der Revolution gefährdet.

Die kommunistische Regierung strebte eine gleichmäßige Verteilung der Bevölkerung über das Land an. Damit sollte die Versorgung erleichtert werden, aber auch die Kontrolle über die Massen lag dieser Planung zugrunde. Außerdem fühlten sich die Chinesen zwischen den Machtblöcken ohne Freunde. Um einen Atomangriff ohne allzu große Verluste überstehen zu können, sollten daher Bevölkerungskonzentrationen vermieden werden. Trotz »huixiang«, zurück in die Dörfer, den Wirren der Kulturrevolution und staatlichen Maßnahmen, die den Zuzug in die Städte verhindern sollten, hat sich die Zahl der Stadtbewohner in China seit 1949 verdreifacht.


*Literatur:*
*Zabern, Philipp v., Ed.: Vergessene Städte am Indus. Aachen 1987*
*Jain, Kulbushan: Form and Function of Public Spaces in Jaisalmer. In: AARP No. 17, S. 20–24*
*Volwahsen, Andreas: Indien, Weltkulturen und Baukunst, München 1968*
*Rutz, Werner: Die Städte Indonesiens. Berlin, Stuttgart 1985*
*Kirkby, R. J. R.: Urbanisation in China, Town and Country in a Developing Economy, 1949–2000. London, Sydney, 1985*
*Gernet, Jacques: La vie quotidienne en Chine à la veille de l'invasion mongole, 1250–1276. Paris 1959*
*Murphy, R.: The Fading of the Maoist Vision City and Country in Chinas Development. London 1980*
*Boyd, Andrew: Chinese Architecture and Townplanning 1500 BC – 1911 AD. London 1962*
*Fei, Xiao Dong: Small Towns in China. New World Press, Beijing 1986*
*Fischer, Klaus; Jansen, Michael; Pieper, Jan: Architektur des indischen Subkontinents. Darmstadt 1987*


*Städte über 50 000 Einwohner*

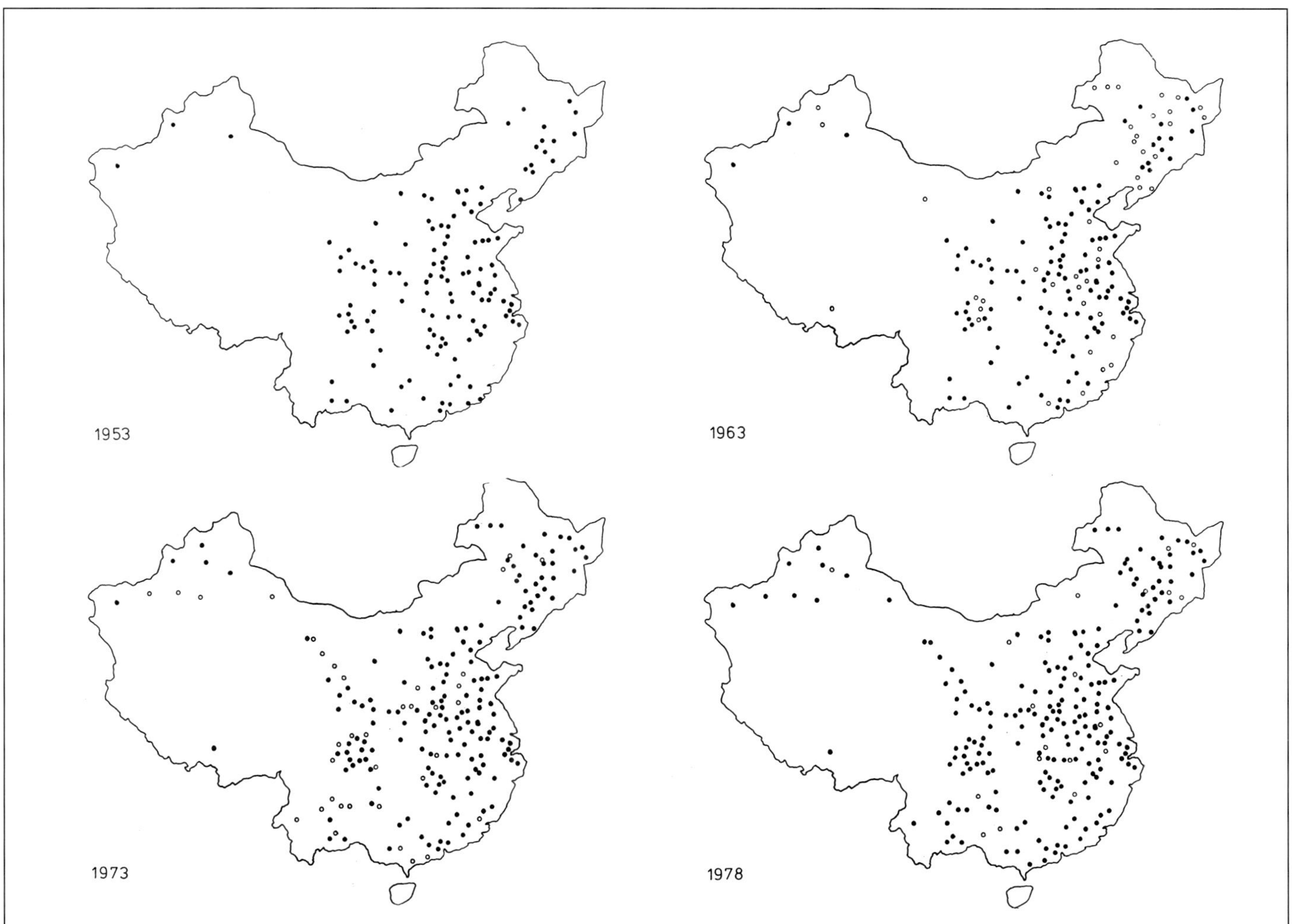

# Problemfälle urbanen Wohnens

## Ursachen

Noch vor wenigen Jahrzehnten waren es hauptsächlich die vom Land zugezogenen Menschen, die unter schlechtesten Bedingungen leben mußten. Sie verließen ihr Dorf in der Hoffnung, bei Verwandten in der Stadt aufgenommen zu werden und vielleicht über sie auch an eine Arbeit zu gelangen. Lange Zeit funktionierte dieses System; nachdem das Problem der Übernachtung geregelt und eine Beschäftigung gefunden war, ging es langsam bergauf. Anfang der 70er Jahre kam es durch die weltweite Wirtschaftskrise zu einem Rückschlag, der zuerst diejenigen traf, die am untersten Ende des Arbeitsmarktes standen. Während sich die Industrienationen bald wieder erholten, wurde die Krise in der Dritten Welt durch die zunehmende Schuldenlast prolongiert.

Zusätzlich zur Wirtschaftskrise kam dann aber das Problem der Mittellosen in zweiter Generation. Sie wuchsen bei ihren Eltern unter schlechtesten Bedingungen auf, als sie aber darangingen, eine eigene Familie zu gründen, hatten es die Eltern noch zu keiner wesentlichen Verbesserung ihres früheren Standards gebracht. Eine Vergrößerung des Haushaltes war nicht möglich, der Nachwuchs mußte sich einen eigenen Lebensraum beschaffen. Dadurch hat sich das Wohnproblem potenziert und in einigen Städten zum Zusammenbruch jedes Planungsansatzes geführt.

## Straßenschläfer

Die vielen Menschen, die nachts auf den Straßen asiatischer Städte ihre Zeitung oder ihren Karton auslegen, um zu übernachten, sind nicht neu zugezogen, sondern konnten in der Regel ihre Unterkunft nicht behalten. Sie sind die Nomaden der Stadtzentren, tragen ihr Hab und Gut mit sich und kehren regelmäßig zu bestimmten Schlafplätzen zurück.

Die Plätze, an denen die Straßenbewohner schlafen, sind typisch für die verschiedenen Städte. In New Delhi werden die Mittelstreifen der Schnellstraßen bevorzugt. Dort brennt die ganze Nacht das Licht, Autos und Motorroller rasen oft nur einen halben Meter neben dem Schlafenden vorbei, aber man ist vor Vorbeigehenden geschützt. Bombay und Calcutta zeigen in der Nacht ein total anderes Bild als am Tage: Unter den Arkaden, wo tagsüber die Geschäftsleute durchhetzen, liegen in der Nacht in Tücher eingewickelte Körper, daneben brennt oft ein kleines Feuer. Viele Straßen Calcuttas werden so in der Nacht unpassierbar.

*Unterstandslose in Indien*

Manila bekam vor wenigen Jahren eine Hochbahn, die Fläche darunter wurde sofort von Straßenbewohnern okkupiert. Sicherlich werden mittlerweile bereits »Mieten« für die besten Stellen eingehoben. Die Unterführungen sind ebenfalls ein beliebter Platz für Unterstandslose. In Tondo, der Müllhalde dieser Megacity, leben tausende Menschen, die sich von den Abfällen ernähren und Gegenstände suchen, mit denen sie irgendeinen Tauschhandel treiben können. Aber auch abgebrochene Häuser und Baustellen werden in der Nacht zu Unterkünften Tausender, die tagsüber dort nicht zu sehen sind.

In Hong Kong konzentrieren sich Straßenbewohner um die Hauptpost direkt im Zentrum der Stadt. In den gedeckten Gängen zwischen Star Ferry, Hauptpost und Exchange Square haben sie ihre Kartons und Kisten aufgestellt. Tagsüber gehen sie irgendwelchen Tätigkeiten nach, abends, wenn der Geschäftsverkehr geringer wird, sieht man sie zwischen ihren Decken und Kisten sitzen. Eine Armut, wie sie in anderen Teilen Asiens anzutreffen ist, wo Menschen nicht einmal Materialien haben, um sich eine behelfsmäßige Kleidung zu beschaffen, ist in Hong Kong nicht mehr anzutreffen: Sie haben Decken, um sich zumindest vor Kälte schützen zu können, gekocht wird auf blauen Campingkochern und der Schlafplatz ist relativ sauber.

Vietnam hat ebenfalls mit der Verelendung seiner Städte zu kämpfen. Jahrelang wurden tausende Menschen aus den Städten in Kommunen aufs Land verfrachtet, ohne ihnen dort eine Überlebensmöglichkeit zu bieten. Im Laufe der Jahre sind rund 20 % wieder in die Stadt zurückgekehrt. Als Illegale haben sie keine Möglichkeit, bei staatlichen Stellen eine Arbeit zu finden. Da es keine Privatwirtschaft gibt, ist ihre Lage ziemlich aussichtslos. Wenn man davon ausgeht, daß die Hälfte der illegalen Rückwanderer zumindest zeitweise ohne Unterstand auf der Straße lebt, würde es sich um mindestens 300 000 Menschen handeln. Da die Regierung nach dem Krieg kaum städtischen Wiederaufbau leistete, die Stadtbevölkerung sollte ja drastisch reduziert werden, steht Vietnam heute vor einem der größten Wohnungsprobleme Südostasiens.

## Squatter

Wenn irgendwie möglich, versucht jeder, einen Platz für sich zu beanspruchen und als seinen Besitz zu kennzeichnen. Als erstes wird immer ein Regenschutz errichtet, bei den tropischen Regengüssen sicher die wichtigste Einrichtung. Siedeln mehrere Familien in dieser Art nebeneinander, entstehen sogenannte Squatter. Es sind dies die ersten Formen einer ständigen Behausung. Sie werden auf öffentlichen oder privaten Grundstücken errichtet und sind nur durch weitreichende Maßnahmen der Stadtverwaltungen wieder abzusiedeln. Lange Zeit dachte man, mit Gewalt diesen Siedlungen beikommen zu können. In Manila, Dacca, Calcutta, fast in allen Großstädten gab es zu verschiedenen Zeiten großangelegte Aktionen, die viel Leid verursachten, das Problem aber nur verlagerten.

Squatter treten als Nebenerscheinung der Industrialisierung auf. Die Menschen werden von der Möglichkeit einer Verbesserung ihres Lebensstandards angezogen, ohne die Voraussetzungen zu haben, sich eine neue Existenz aufzubauen. Meist gelingt es erst nach Jahren, sich selbständig zu ernähren und eine eigene Unterkunft zu haben. Bis dahin ist man auf die Hilfe anderer angewiesen. In der ersten Phase werden Kontakte geknüpft und finanzielle Mittel angespart, um sich selbst die nötigsten Bedürfnisse erfüllen zu können. Danach wird die Unterkunft gewechselt. Man unterscheidet hier verschiedene Formen der Squattersiedlung:
- eigenes Gebäude auf fremdem Grund
- Mieter in einem Squatter
- in Untermiete bei fremdem Eigentümer
- Bewohner in einem fremden Squatter, ohne Miete zu zahlen
- auf Wasser in einem Boot oder Floß.

Als Ort für Squattersiedlungen werden alle freien Gebiete in der Stadt herangezogen. Bevorzugt werden Flächen, von denen man annimmt, daß sie in den nächsten Jahren nicht verbaut werden. Gesiedelt wird zentrumsnah auf den Straßen, in Parks, auf Eisenbahn- und Straßentrassen und unter Brücken. Das Hauptproblem der Squatter sind die sanitären Zustände. Trinkwasser ist fast nie vorhanden, Abwasser läuft offen an der Oberfläche, Toiletten gibt es nicht. Manchmal schließen sich einige Familien zusammen, heben eine Grube aus und verwenden sie als Senkgrube. Meist fehlen dazu jedoch die Voraussetzungen, im Bewußtsein der Bewohner erscheint es auch nicht als vordringliches Problem. Wird die Müllbeseitigung nicht intern organisiert, verbrennt jede Familie ihren Unrat selbst oder wirft ihn aufs Dach ihrer Hütte.

Der entscheidende Faktor für den Ort eines Squatters ist seine Nähe zu potentiellen Arbeitsplätzen. Bei Einkommen, die knapp die notwendigsten Ernährungskosten abdecken, können weder eigene Transportmittel erworben noch Transportkosten bezahlt werden. Jede Übernachtungsmöglichkeit, die nicht in Gehdistanz zum Arbeitsplatz liegt, ist daher wertlos.

*Squatter in Manila*

Obwohl die Squattersiedlungen nach außen einen chaotischen Eindruck vermitteln, sind sie in sich hierarchisch organisiert. Jeder Meter der Siedlung ist verteilt, die unregelmäßigen Formen der Hütten unterliegen einer gewissen Planung, die von einem Führungsgremium oder auch einer Einzelperson aufgestellt wurde. So gab es in Karachi einen »King of Squatters«, der 70 % der Siedlungen kontrollierte. In Calcutta wieder hat sich das »thika« System entwickelt, das zu regelrechten Squatterunternehmern geführt hat. In der ruralen Gesellschaft stellte der thika den Mittler zwischen Grundherrn und Arbeitern dar. Er zahlte aus und erhob Steuern. Auf die städtische Siedlung umgelegt, wurde er zum Verwalter fremden Grundbesitzes und schlug auf alle Mieten einen Prozentsatz für seine Tätigkeit auf. In Calcutta war das der Beginn des organisierten Squatters. Der Vorteil der Siedler lag in der relativen Legalität ihres Wohnplatzes. Diese Squattersiedlungen Calcuttas, »bustees« genannt, entwickelten sich aus den Unterkünften fahrender Handwerker. Selbst heute noch sind bustees größtenteils nach Berufssparten organisiert.

Diese Organisation ist auch einer der Gründe, warum Squattersiedlungen so schwierig abgesiedelt werden können. Ginge es den Bewohnern nur um ihre Unterkunft, könnten sie sich unter Umständen woanders eine ähnliche Behausung sichern. Die Betreiber der Siedlungen verlieren aber ihre Einnahmequelle, die dank der niedrigen Investitionskosten eine enorme Rendite abwirft.

Es wird ein Widerstand unter den Bewohnern organisiert, mit Aufständen gedroht und die Solidarität mit den anderen Squattern herausgestrichen. Dadurch kommt die Stadtverwaltung in ernste Probleme, da sie diese Menschen ja irgendwie unterbringen muß. Eine Lösung wird hinausgeschoben, wodurch sich die Position der Vermieter festigt und die Probleme weiter zunehmen. In Manila wurden in den frühen 70er Jahren die Squatterbewohner von Intramuros von der Polizei gezwungen, ihre Hütten 30 km vor der Stadt zu errichten. Die Siedlung im Zentrum wurde zerstört. Obwohl sie später mehr Platz zur Verfügung gehabt hätten, haben fast alle in kurzer Zeit wieder eine Hütte in der Stadt errichtet oder gemietet.

*Wohngebiet in Calcutta*

Daran ist deutlich zu sehen, daß dem Problem durch direkte Maßnahmen kaum beizukommen ist. Die Aktion in Manila, wie viele ähnliche in anderen asiatischen Städten auch, hat zu einem Verlust an Substanz geführt, da bewohnbare Hütten zerstört wurden. Neben dem finanziellen Verlust gab es aber auch einen Abzug an Arbeitskräften im Dienstleistungssektor. Die vielen Mechaniker, Schuhputzer, Handwerker und sonstigen Helfer, die überall in den Städten zur Verfügung stehen, waren über Nacht aus ihrem angestammten Umfeld herausgerissen. Die schlechte Organisation dieser Städte, die durch die vielen kleinen Dienstleistungen ausgeglichen wird, kam dadurch erst voll zum Durchbruch.

## Slums

Der Unterschied zwischen Squatter und Slum ist sein Zustand bei der Errichtung. Eine Squattersiedlung wird zur Erfüllung der mindesten Anforderungen errichtet, während ein Slumgebiet dem Standard eines Wohngebietes entsprach, bevor es durch unterschiedlichste Faktoren, manchmal schon innerhalb eines Jahres, zu einem Slumgebiet wird. Hauptauslöser sind meist die Besitzverhältnisse. Wenn die Mieten die Erhaltungskosten des Hauses nicht mehr dekken, ein Abbruch aber auch nicht möglich ist, dann stellt das Grundstück nur mehr einen Spekulationswert dar, das Gebäude selbst wird aufgegeben.

Wenn ein Wohngebiet unter einen gewissen Standard fällt, kann es nur mehr für die unterste Bevölkerungsschicht interessant sein. Der Zuzug steigert sich und der Verfall der Bausubstanz schreitet voran. Da ein Slumgebiet aus wirtschaftlichen Gründen bis an die Grenzen seiner Leistungsfähigkeit besiedelt wird, liegt das Hauptproblem in erster Linie in seiner Überfüllung. Gäbe es genügend Slumgebiete, wäre ihr allgemeiner Zustand nicht so schlecht, da sie nicht mehrfach überbelegt wären. Die Überfüllung liegt sowohl in der Baudichte als auch bei der Anzahl der Bewohner pro Objekt. In einem Zimmer leben durchschnittlich vier Menschen, jedem steht eine Grundfläche von 2,5 $m^2$ zur Verfügung.

Die Nebenerscheinungen dieser Zustände haben ebenfalls großen Einfluß auf das tägliche Leben der Menschen. Der Mangel an Abgeschlossenheit, die soziale Abkapselung vom Leben der Stadt und der Mangel an Bewegungsfreiheit führen, besonders bei Kindern, zu schweren psychischen Störungen. Normalerweise liegt auch die Kriminalitätsrate bei Slumbewohnern über dem Landesdurchschnitt. Es wäre aber falsch, diese proportional zur Verschlechterung der Wohnverhältnisse zu sehen. Sie ist eher die Folge der angespannten finanziellen Lage. Der Mangel an Privatheit und das Zusammenleben mehrerer Generationen auf engstem Raum führen zu einer sozialen Kontrolle, wie sie unter normalen Wohnverhältnissen nicht gegeben sein kann. Dadurch, daß jeder einzelne Teil der Gemeinschaft ist, können Mißstände, die durch die Wohnform verursacht sind, teilweise kompensiert werden.

## Lösungsversuche

Der Wohnungsnot durch staatlichen Wohnbau beizukommen, ist in den meisten Städten Asiens irreal. Die neuen Wohnungen müßten entweder zu verschenken sein oder sie dienen nicht denjenigen, für die sie errichtet wurden. Hassan Fathy[1]) brachte dieses Problem durch den Satz: »no cost housing instead of low cost housing« auf den Punkt. Eine Besserung kann nur mit dem Fleiß und Willen der Menschen erreicht werden, die direkt betroffen sind. Die einzige Möglichkeit, billigen Wohnraum zu schaffen, liegt im Eigenbau. Prinzipiell kann davon ausgegangen werden, daß Squatter und Slumbewohner die Fähigkeit haben, ihre Unterkunft selbst zu errichten und zu erhalten. Wichtig dabei ist, in wieweit das Wissen des Hausbaus und die Nachbarschaftshilfe in der Bevölkerung verankert sind.

Eine Verbesserung über die Mindestanforderungen hinaus wird meist durch die ungeklärten Eigentumsverhältnisse verhindert. Investitionen, die in die Bausubstanz gemacht werden könnten, werden in Konsumgüter gesteckt. Erst eine definitive Regelung des Grundeigentums kann einen Ausgleich schaffen und führt zwangsläufig zu einem Investitionsschub und zu beachtlicher Stärkung der Substanz. Als Beitrag der Stadt ist die Errichtung der Infrastruktur ausreichend. Die Kombination aus Grundstück im Eigentum der Benutzer und die Möglichkeit, an die städtische Infrastruktur angeschlossen zu sein, führen unweigerlich zu einer Hebung des Wohnstandards.

Mit »upgrading« Programmen konnten bei urbanen Slumgebieten, relativ zu den Kosten, große Erfolge erzielt werden. Dabei werden jedoch keine neuen Wohnungen geschaffen, es kann sogar zu Absiedelungen in Bereichen kommen, wo öffentliche Einrichtungen entstehen sollen. Diese Form ist darauf ausgerichtet, durch eine Aufbesserung des Gebiets das Gemeinschaftsgefühl seiner Bewohner zu stärken. Die öffentliche Subvention macht ihre Empfänger de facto zu Eigentümern, was ihnen eine zusätzliche Sicherheit und eine soziale Aufwertung bringt. Wichtig dabei ist, daß rasch ein Minimum an Einrichtungen hergestellt wird: Straßen und Fußwege, Oberflächenentwässerung, Kanal, Trinkwasser, Straßenbeleuchtung und Müllbeseitigung. Parallel dazu müssen Schulen errichtet und ein Gesundheitssystem aufgebaut werden. Der wichtigste Faktor ist, durch die kommunalen Hilfeleistungen eine Dynamik in Gang zu setzen, die in der Folge einen Rückzug der öffentlichen Hand aus dem Projekt ermöglicht, ohne seine Weiterführung zu gefährden.

Die billigste Art, auf geordnete Weise neue Wohnmöglichkeiten zu errichten, bietet ein »site + service« Programm. Dabei werden Parzellen mit Wasserversorgung und Kanal zu niedrigsten Kosten auf einer freien Fläche eingerichtet, die in guter Verbindung zu umliegenden Arbeitsplätzen liegen. Diese werden, um die Kosten möglichst niedrig zu halten, in Einheiten von ca. 100 $m^2$ aufgeteilt und zu den Errichtungskosten weitergegeben. Im Vergabepreis ist die Betreuung durch Berater inbegriffen. Diese haben organisatorische Fragen zu klären und Hilfe bei Baufragen zu leisten. Auf jeden Berater kommen ca. 50 bis 100 Einwohner. In den zentralen Einkaufsstätten kann auf Kredit Baumaterial bezogen werden, Bargeld wird nicht verliehen. Land- und Baukosten dürfen nicht höher als 20 % der Einkommen sein, daher ziehen sich die Arbeiten über viele Jahre hin und müssen fortlaufend betreut werden.

Die Planung der einzelnen Parzellen ist relativ einfach, in manchen Fällen wird sogar ein Bebauungsvorschlag mitgeliefert. Wesentlich komplexer ist die Gesamtplanung: dabei muß vom absoluten Minimum ausgegangen werden, jede Möglichkeit einer späteren Erweiterung muß jedoch schon eingeplant werden. Im Gegensatz zu den spontan wachsenden Hütten und Häusern muß der Bebauungsplan weitsichtig für die nächsten Jahrzehnte verbindlich erstellt werden. Dieser Gegensatz führt natürlich immer wieder zu Schwierigkeiten bei der Verwirklichung der Planungen.

Viele Regierungen sind bei der Durchführung eines »site + service« Programms zurückhaltend. Man ist versucht, rasche und eindrucksvolle Projekte zu zeigen, wofür Parzellierungen von unbebautem Land aber nicht geeignet sind. Die staatliche Betreuung muß über 5 bis 15 Jahre gehen, in den ersten Jahren ist die neue Siedlung von einem Squatter noch kaum zu unterscheiden. Die Verantwortlichen sind daher von der langfristigen Wirksamkeit schwer zu überzeugen und befürchten, vor einer sichtbaren Verbesserung massiver Kritik ausgesetzt zu sein.

Abschließend muß festgehalten werden, daß die Probleme des Wohnbaus in jenen Ländern besonders kraß sind, die lange unter kolonialer Verwaltung standen. Die Gründe hierfür sind mannigfach: sowohl das forcierte Wirtschaftswachstum als auch das Desinteresse der Kolonialmächte, den neuen Reichtum im fremden Land zu investieren. Meist war die Kolonialmacht in den Städten konzentriert, das Land war Zulieferer und profitierte nur indirekt von den wachsenden Wirtschaftsbeziehungen. Dadurch verlor es an Attraktivität, während die Stadt ihre Anziehungskraft verstärkte. Eine weitere Ursache ist die oft nicht vorbereitete Entlassung in die Unabhängigkeit. In Indochina und Indien führte das zu blutigen Auseinandersetzungen, die in Kriegen endeten. Nicht nur, daß dabei Wohnsubstanz zerstört wurde, es gab auch hunderttausende Flüchtlinge, die, teilweise vom Land kommend, in die Stadt zogen.

Die Lösung des Problems der Überbevölkerung der Städte liegt nicht in der Stadt, sondern in ihrem Umland. Sind einmal die Wohnmöglichkeiten erschöpft, kann mit zusätzlichem Wohnbau das Problem höchstens verlagert werden. Sanierungsmaßnahmen haben bei der Verteilung der Infrastruktur zu beginnen. Der Zuzug muß unterbrochen werden, dann erst können sinnvolle Maßnahmen zur Verbesserung der Situation in der Stadt getroffen werden. Dabei müssen Notunterkünfte für die Unterstandslosen gar keine Häuser sein. Es genügt, ein System herzustellen, welches die Infrastruktur beistellt und den privaten Sektor rechtlich soweit absichert, daß Investitionen der Bewohner geschützt sind.

*1) Hassan Fathy, Pionier des low-cost housing*

*Literatur:*
*Abrams, Charles: Housing in the Modern World. London 1964*
*Building Research Establishment: Third World Urban Housing. Garston, London 1977*
*Conference of Commonwealth Association of Planners: Planning in Asia, Present and Future. University of Hong Kong 1981*
*Laquiam, Aprodicio: Basic Housing, Policies for Urban Site + Services and Shelter in Developing Countries*
*Rao, Madhava A. G.: Modern Trends in Housing in Developing Countries. London, New York 1984*

# Fallbeispiele

## *Beschreibung städtischer Siedlungsformen*

### Calcutta

Calcutta ist eine wahre Megastadt. Es gibt nur wenige urbane Konzentrationen in der Welt, die eine größere Bevölkerung aufweisen, keine, die im Zentrum eine größere Massierung an Menschen hervorbringt und keine, deren Einfluß auf die umgebenden Landstriche signifikanter sein könnte. Sie umfaßt heute ein Gebiet um die 1200 $km^2$ und ihre Einwohnerzahl ist, gemeinsam mit Howrah, der Zwillingsstadt am anderen Flußufer, weit jenseits der 10 Millionen. Die jüngste Ausgabe des »Census of India« gibt 1981 die Bevölkerung mit 9,16 Millionen bei einer jährlichen Zuwachsrate von 3,2 % an, wonach derzeit um die 12 Millionen Menschen im engeren Umkreis dieser Stadt leben müßten. Andererseits hat die Überbevölkerung in Calcutta bereits Tradition. Im 18. Jahrhundert hat sich die Bevölkerung versiebzigfacht, es mußte sogar das Fort verlegt werden, da durch die zahlreichen Gebäude entlang der Mauern eine sinnvolle Verteidigung nicht mehr möglich war. Nach der Invasion der Engländer war die Stadt von luxuriösen Villen geprägt, die von slumartigen Gebäuden umgeben waren, in denen sich die Bediensteten angesiedelt hatten. Dadurch sind heute die Slum- und Squattergebiete nicht räumlich begrenzt, sondern gleichmäßig über die ganze Stadt verteilt.

Obwohl Calcutta heute viel von seiner früheren Bedeutung eingebüßt hat, ist es politisch wie auch wirtschaftlich nicht nur das Zentrum West-Bengalens, sondern des ganzen östlichen Indiens, von Orissa über Bihar, Assam und Manipur bis ins Nagaland, Kristallisationspunkt eines Einzugsbereichs von ca. 150 Millionen Menschen. Calcuttas einzigartige Bedeutung liegt in seiner starken, historisch bedingten Bindung an das Hinterland. In den frühen Jahren der Kolonisation war diese Stadt der erste Anlaufpunkt für den Handel mit England, begründet durch die riesigen Ressourcen der Gangesebene mit ihren Agrarflächen und den Bodenschätzen Bengalens und Orissas, gepaart mit einer äußerst dichten Besiedelung. Die Teeproduktion Assams und Darjeelings, die Jute von Bengalen, Bihar und Assam begründeten im vorigen Jahrhundert den Reichtum dieser Region. Mitte des 19. Jahrhunderts wurden 65 % des indischen Exports über Calcutta abgewickelt. Eine erste Rezession setzte ein, als 1911 der Sitz der britisch-indischen Regierung nach Delhi verlegt wurde. Das Hinterland entwickelte sich weiter, die großen Ausbeutungen der Kohlevorkommen und die Stahlindustrie der Familie Tata standen erst am Beginn ihrer Bedeutung, während die Stadt, der administrativen Aufgaben entledigt, in eine Stagnation fiel. Eine zusätzliche Verschlechterung der Situation brachte die weltweite Wirtschaftskrise der 20er Jahre, die die junge Industrie in Ermangelung einer gefestigten Infrastruktur besonders hart traf.

Nach der Unabhängigkeit 1947 entwickelte sich ein dezentrales Industriegebiet, die Zahl und Bedeutung der Städte dritten und vierten Grades nahm zu. Für dieses Gebiet, das einen Radius von ca. 500 km hat, fungiert Calcutta als einziger Versorger und Verteiler von Gütern und Dienstleistungen, als Verwaltungszentrum der umliegenden Industrieanlagen und vor allem als Mittelpunkt der Künste und höheren Bildung. Die Schlüsselrolle ist klar erkennbar, im Laufe der Jahre wurden aber schwere Mängel an der städtischen Entwicklung sichtbar. Trotz seiner Wichtigkeit, seines Reichtums und seiner Aktivitäten ist Calcutta eine Stadt mit großen Problemen. Seit vielen Jahrzehnten werden Komitees und Gesellschaften gegründet, die

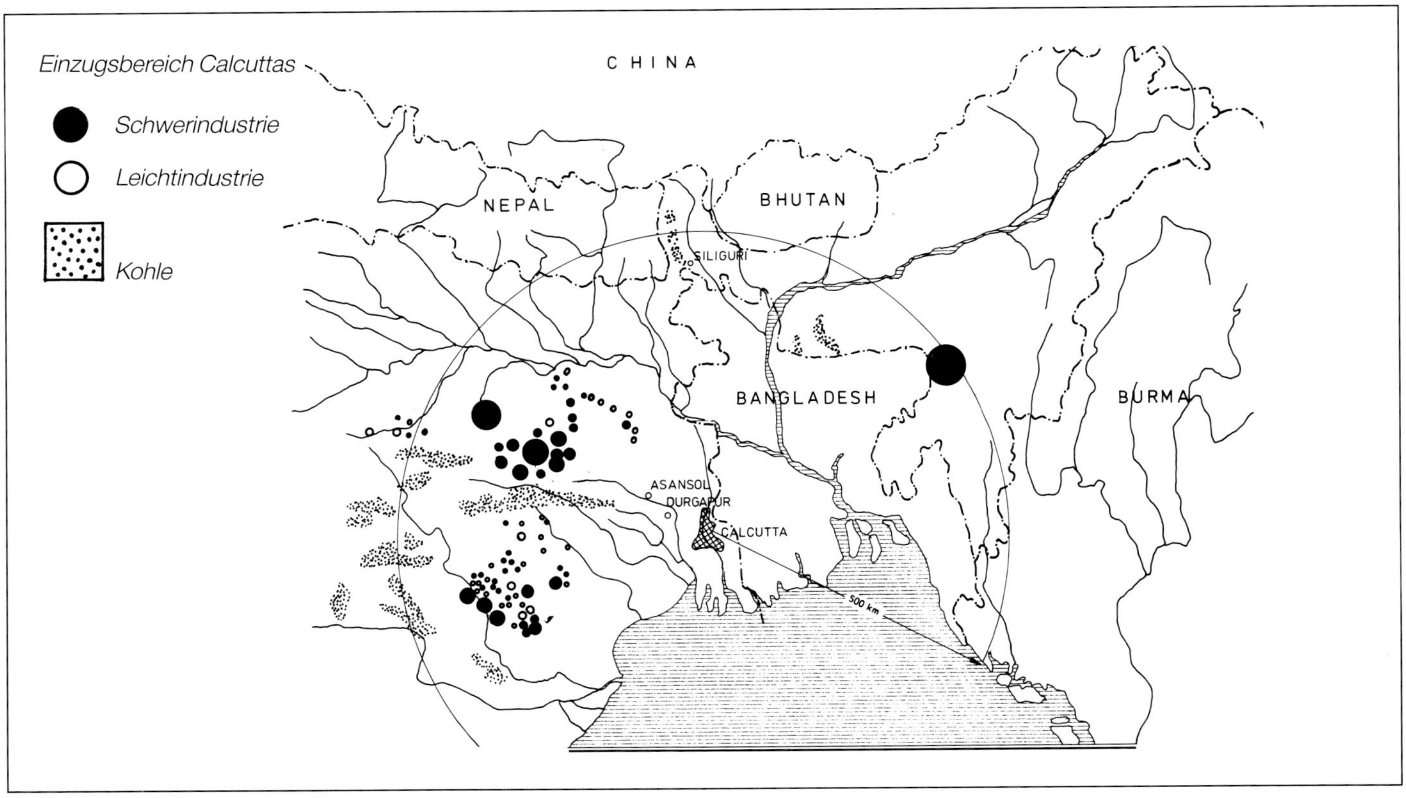

Konzepte erarbeiten und vehement sofortige Maßnahmen fordern, ohne daß jemals mehr als Stückwerk durchgeführt wurde. Angemessene Expansion konnte mit dem Bevölkerungswachstum nicht Schritt halten, der Zuwachs der Bevölkerung wurde nicht von einem Zuwachs an Land und Arbeit begleitet.

Bei den ersten Planungen nahm man von einer Neuschaffung von Wohnraum Abstand und konzentrierte sich mehr auf eine Verbesserung bestehender Situationen. Für ein Drittel der Bewohner Calcuttas gibt es zu den »bustees« keine Alternative. Diese sind laut Definition der Stadtverwaltung Gebiete, die mit Hütten bedeckt sind, von denen kein Teil außer den Wänden zu einer Höhe von circa 46 cm aus dauerhaftem Material wie Ziegel, Beton, Stahl oder anderem Eisen errichtet ist. Zur Zeit sind ca. 300 dieser Slumgebiete in Calcutta registriert. Einem bustee liegen meist zwei Mietverhältnisse zu Grunde: der Landbesitzer vermietet Grundstücke an einen Mittelsmann, den thika, der darauf Hütten errichtet und diese weitervermietet. Manchmal ist der thika selbst bustee-Bewohner.

Der Basic Development Plan 1966 spricht sich für eine massive Verbesserung der bustees aus. Aber erst 1970, nach Errichtung der Calcutta Metropolitan Development Authority (CMDA), wurden diese Arbeiten in Angriff genommen. In erster Linie wurden infrastrukturelle Einrichtungen hergestellt oder verbessert. Straßen wurden errichtet, Trinkwasser und Kanalanschlüsse eingeleitet und eine Stromversorgung aufgebaut. Die Verbesserung der einzelnen Objekte wird den Bewohnern selbst überlassen. Bis 1981 haben laut CMDA 1,7 Millionen Slumbewohner von diesem Programm profitiert. Mit der Verbesserung der Wohnsituation stieg aber auch die Miete der bustees, dadurch sind die Ärmsten abermals von staatlichen Programmen ausgeschlossen. Außerdem ist eine einmalige Investition nicht ausreichend, ein Gebiet auf Dauer zu sanieren. Die größte Schwierigkeit liegt bei der Erhaltung bestehender Substanz, die nicht vom Eigentümer bewohnt wird.

Abschließend wäre festzustellen, daß, obwohl keine deutlichen Verbesserungen der Wohnsituation in Calcutta erreicht werden konnten, der rapide Verfall der Stadt zumindest verlangsamt wurde. An diesem Beispiel ist deutlich ersichtlich, daß eine Planung sehr weitläufig gezogen werden muß und sich nicht nur auf bauliche Maßnahmen beschränken darf. Eine Bearbeitung des einzelnen Objekts ist grundsätzlich nicht notwendig. Im Falle Calcuttas ist zu hoffen, daß im Zuge des wirtschaftlichen Aufschwungs in Südasien eine Umstrukturierung der Wirtschaft möglich sein wird.


*Literatur:*

*Oliver, Paul: Dwellings. The House across the World. University of Texas 1987*

*Rosser, Colin: The Calcutta Experience. In: Dwyer, D. J.: The City as a Centre of Change in Asia, Kap. 13. Hong Kong 1974*

*Government of West Bengal: Basic Development Plan. Calcutta Metropolitan District 1966*

*Lubbel, H.; Tinbergen, J.: Calcutta, Urban Development and Employment. Prospects for Calcutta. Genf 1974*

*Ottolenghi, Roberto: La Sindrome di Calcutta. In: Lotus international, No 34. Milano 1982*


## Jakarta

Die erste Siedlung am Platz der heutigen Stadt läßt sich bis ins 6. Jahrhundert zurückverfolgen. Nach den dort zahlreich wachsenden Kokospalmen (Kelap) wurde sie »sunda kelap« genannt. Später kam der Ort während des Königreichs Pajajaran zu einer ersten Blüte und erregte Neid und Besorgnis des islamischen Königreichs Demak in Zentraljava. Als dann auch noch ein Vertrag mit den Portugiesen geschlossen wurde, griff Prinz Fatahillah 1527 die Stadt an, eroberte sie und nannte sie Jayakarta, was »großer Sieg« bedeutet. Dieses Datum wird als Gründungstag des heutigen Jakarta angesehen.

Der Aufbau der neuen Stadt entsprach exakt dem eines javanischen Königssitzes: Im Zentrum stand der »kraton«, der Herrscherpalast, ihn umgebend die Häuser der Künstler, der Garde und der Beamten. Im Norden lag ein Versammlungsplatz, der »alun-alun«. Zu Beginn des 17. Jahrhunderts errichteten die Holländer in kurzer Distanz zur Königsstadt ihre erste Niederlassung. Als Zentrum des Gewürzhandels für ganz Südostasien gewann dieser Handelsstützpunkt rasch an Bedeutung, so daß bald mit der Anlage einer neuen Stadt nach dem Vorbild Amsterdams begonnen wurde. Noch heute ist das Netzwerk von Kanälen, die teilweise auch zur Trockenlegung des sumpfigen Geländes dienten, gut zu erkennen. 1650, als sich diese Siedlung schon zu beiden Seiten des Ciliwong-Flusses erstreckte, wurde sie Batavia genannt. Im frühen 19. Jahrhundert hatte die holländische Verwaltung den Beschluß gefaßt, die Stadtentwicklung weiter landeinwärts, weg vom verseuchten Delta des Ciliwong-Flusses, voranzutreiben. Es wurde eine Reihe von Satellitenstädten gegründet, die durch eine elektrische Straßenbahn mit dem alten Batavia verbunden waren. Der Hafen Tanjung Priok wurde mit drei Eisenbahnlinien angeschlossen.

Nach der Unabhängigkeit kam es zu grundlegenden wirtschaftlichen Änderungen, in deren Folge viele Bewohner großer Herrschaftshäuser ihren Besitz nicht mehr erhalten konnten. Diese Gebäude wurden von den sich neu ansiedelnden Bankniederlassun-

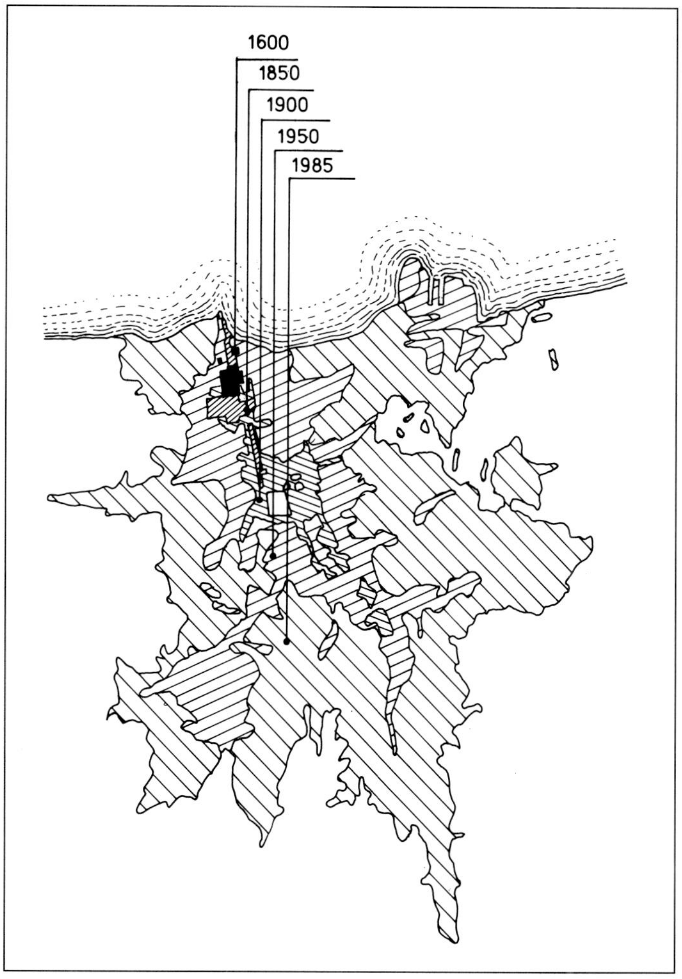


*Entwicklung Jakartas*

gen und Botschaften übernommen. Jakarta wurde als Regierungssitz und Tor zu einem enormen Hinterland während der letzten drei Jahrzehnte Ziel von Millionen Landflüchtigen. Die 1930 für eine halbe Million Einwohner ausgelegte Infrastruktur war bereits 1960 bei der sechsfachen Einwohnerzahl völlig überfordert. 1965 war Jakarta die Stadt mit dem niedrigsten Durchschnittseinkommen in Südostasien, 80 % seiner Bewohner lebten in Slums oder Squattern. Von 900 km Straßen waren nur 300 km gut befahrbar, nur jeder zweite Schüler konnte zur Schule gehen und auf 1000 Einwohner kam nur ein Spitalbett.

Im Gegensatz zu Beijing war Jakarta nicht über Jahrhunderte hinweg Zentrum eines großen Reichs. Die Handelskonzessionen mit Holland eröffneten der Stadt ein Hinterland, das bis dahin nicht

*Kampong*

in seinem Einzugsbereich lag. Erst danach entwickelte es sich zu einem wirtschaftlichen und politischen Zentrum. Die explosionsartige Vergrößerung der Stadt ist fast ausschließlich ungeplant durch die jeweiligen Bedürfnisse der einzelnen Siedler entstanden. Der 20-Jahres-Plan von 1965 für die Stadtentwicklung sollte Abhilfe schaffen, konnte aber in vielen Fällen nicht durchgesetzt werden. Nach Gerald Krausse ist die Geschichte Jakartas die Geschichte zweier Städte: einerseits die enormen Gebiete der mittellosen Bevölkerung und andererseits die wenigen Sektoren der Stadt, die von der politischen und wirtschaftlichen Elite kontrolliert werden. Die Rechte der lokalen Bevölkerung sind immer dem Willen der Verwaltung untergeordnet, was einen Quell stetiger Spannungen darstellt.

Hauptsiedlungsform der ärmeren Schichten ist der »kampong«. Heute leben ca. 6 Millionen Menschen in diesen infrastrukturell schlecht versorgten Gemeinschaften, in denen aber eine starke Zusammengehörigkeit spürbar wird. Ursprünglich waren die kampongs autonome Siedlungen und nicht in die Stadt integriert. Erst durch Erweiterung der Infrastruktur kamen sie nach und nach in den Einzugsbereich der Stadtverwaltung, ohne daß es dafür spürbare Verbesserungen gegeben hätte. Während der japanischen Besetzung wurde eine politische Einheit von 20 bis 50 Haushalten eingeführt, unter Sukarno gab es die großen Gebietszusammenschlüsse, um den traditionellen kampong aufzulösen und neue politische Einheiten zu schaffen. Heute bildet eine Kombination beider Systeme die unterste Stufe der Stadtregierung. Obwohl von der Bevölkerung weiterhin der kampong als Einheit angesehen wird, schafft das neue System eine Art Vermittlerrolle zwischen der Verwaltung und dem einzelnen Haushalt.

Der Zustand der Behausungen in den kampongs ist sehr unterschiedlich. Sie reichen von temporären Strukturen aus Karton, Blech und Holz bis zu gemauerten Häusern. Normalerweise sind die kampongs am Stadtrand eher in traditionellem Stil errichtet, während die im Stadtzentrum aus gerade verfügbarem Material und in allen Stilen hergestellt werden. Auch in ihrer Dichte unterscheiden sich zentrumsnahe und periphere kampongs. Die nahe dem Stadtkern gelegenen haben besseren Zugang zur städtischen Infrastruktur, dafür muß man dort Dichten bis zu 100 000 Einwohner pro $km^2$ in Kauf nehmen. In den Randgebieten, in den Sümpfen, in aufgelassenen Friedhöfen und ehemaligem Agrarland steht den Siedlern mehr Raum zur Verfügung; Kanalanschlüsse, Elektrizität, Trinkwasser oder Abfallbeseitigung sind aber nicht vorhanden. Ausschlaggebend für die Qualität der Behausungen sind abermals die rechtlichen Verhältnisse und die Lage zum Arbeitsplatz.

Die Bevölkerung Jakartas ist in Religion, Sprache und Herkunft äußerst vielschichtig. Trotz ethnischer Abgrenzung, so gab es zum Beispiel einen kampong Cina, einen kampong Melayu oder einen kampong Java, ist meist die zweite Generation einer starken Assimilierung unterworfen. War eine Gruppe numerisch zu schwach, um ihre Identität über Generationen bewahren zu können, konvertierte sie in der Regel zum Islam. Während der Kolonialzeit war Migration streng kontrolliert, erst nach der Unabhängigkeit 1949 gab es keine Siedlungsbeschränkung mehr, was zu einer starken Verschiebung der ethnischen Zusammensetzung der Bevölkerung Jakartas führte: Ungefähr ein Drittel der Siedler stammt aus der näheren Umgebung. Waren früher die Neuankömmlinge geneigt, gemeinsam mit Leuten gleicher Abstammung zu siedeln, ist heute meist der Arbeitsplatz dafür ausschlaggebend, wo man siedelt. Die großen kampongs der verschiedenen Ethnien sind zerfallen, meist beschränken sie sich nur mehr auf einige Häuser naher Verwandter.

Den neu Zugezogenen fehlt natürlich in der ungewohnten Umgebung jedes Heimatgefühl. Die Migration beschränkt sich daher nicht nur auf Land–Stadt, sondern auch auf Stadt–Stadt. Meist zieht man vom Land so weit wie möglich ins Stadtzentrum. Ausschlaggebend dafür ist der finanzielle Status; man kann sich keinen Transport zum Arbeitsplatz leisten, und das Angebot an Gelegenheitsarbeit ist im Zentrum größer. Erst nach Verbesserung der wirtschaftlichen Verhältnisse ist es möglich, in einen kampong an der Peripherie zu ziehen. Neuankömmlinge wechseln ihren Wohnsitz in der Regel dreimal so oft wie in Jakarta Geborene.

Neben dem Verlust der regionalen Identität kommt es aber zur Ausbildung neuer Verhaltensweisen, die für das Leben im kampong einer Großstadt typisch sind. Erwähnenswert davon sind »gotong royong«, gegenseitige Hilfestellung und »arisan«, eine Form von Sparverein. Obwohl nur etwa die Hälfte aller Haushalte aktiv beteiligt ist, prägen sie doch das sozio-kulturelle Zusammenleben. Gotong royong ist meist eine Form kollektiver Arbeit, die entweder vom Kampongführer eingeteilt wird oder bereits nach einem eigenen Schema abläuft. Die häufigsten Aktivitäten dabei sind Reinigung von Kanälen und Abläufen oder Erhaltung von kleinen Holzbrücken, aber auch Dekorationen für Feste. Ein Großteil der Infrastruktur geht auf gotong royong zurück. Finanziert werden größere Projekte entweder durch Zusammenschluß mehrerer Nachbarschaften oder die Regierung übernimmt die Hälfte der Kosten, gewissermaßen ein gotong royong auf höherer Ebene.

Eine wichtige Rolle in der Geldwirtschaft der verarmten Stadtbevölkerung spielt der arisan, der Sparverein. Diese Form der Akkumulation finanzieller Mittel stammt aus dem ländlichen Java und geht auf das Glücksspiel zurück. Wurde es früher wegen seiner sozialen und kooperativen Werte geschätzt, entwickelte es sich, besonders unter den Frauen, die ja die Finanzen der Familie verwalten, immer mehr zu einer Art Sparverein. Einige Familien schließen sich zu einem arisan zusammen, setzen Statuten auf und laden andere Familien zum Mitmachen ein. Ein bestimmter Betrag wird für eine Gemeinschaftskasse festgelegt, aus der in regelmäßigen Abständen größere Beträge durch eine Lotterie an die Mitglieder rückgeführt werden. Dadurch werden Anschaffungen ermöglicht, die mit den normalerweise niedrigen Einkommen nicht möglich wären.


*Literatur:*
*Krausse, Gerald: From Sunda Kelap to Jabotek. In: Asean Studies Monograph Series, Vol. II, Seite 151 – 227. Hong Kong 1988*
*Oenarto, Josef: Fallstudie Jakarta. In: Wohnprobleme der 3. Welt. Arbeitsbericht der TU Stuttgart. Seite 167 – 215*
*Office of Public Work: Masterplan of Jakarta 65 – 85*

## Beijing

Beijing ist die Hauptstadt des mit über 1,1 Milliarden Menschen bevölkerungsreichsten Landes der Erde. Weder die Lage noch ihr Umland sind aber besonders günstig. Auf dem 40. Breitengrad liegt sie bereits im Wüstengürtel, ist häufigen Sandstürmen ausgesetzt und hat ein stark ausgeprägtes Kontinentalklima mit kalten Wintern von November bis April und heißen, trockenen Sommern, Frühling und Herbst sind kaum spürbar.

Gemessen an der Jahrtausende alten Geschichte Chinas ist sie aber erst seit relativ kurzer Zeit Hauptstadt des Reiches. Nach einem Jahrhundert der Fremdherrschaft hat der vierte Sohn des Begründers der Ming-Dynastie nach einigen Kriegen um die Erbfolge die Oberhand behalten und 1421 die Hauptstadt von Nanjing im Süden nach Beijing (»nördliche Hauptstadt«) verlegt. Nanjing, die »südliche Hauptstadt«, war damals gerade im Begriff, zu einem neuen Herrschaftssitz ausgebaut zu werden, als der Befehl erteilt wurde, den Hof in die ca. 1000 km weiter nördlich gelegene Stadt zu verlegen.

Bereits im 10. Jahrhundert fungierte sie als Hauptstadt der Liao-Dynastie, die von einem Nomadenvolk aus der Ostmongolei, dessen Abstammung bis heute nicht geklärt ist, gegründet wurde. Während der Jin-Dynastie zeichnete sie sich durch besondere Pracht und Paläste mit weitläufigen Gartenanlagen aus. 1215 aber fiel sie dem Mongolenheer unter Dschingis Khan zum Opfer. Noch vor der völligen Eroberung des chinesischen Reiches wurde 1267 mit dem Wiederaufbau begonnen, und fünf Jahre später hat sie Khubilai Khan als »da du« (große Hauptstadt) zum Sitz seines mongolischen Reiches gemacht. Unter dem Namen Chanbalik wurde sie durch die Berichte Marco Polos in Europa bekannt. Es entbehrt nicht einer gewissen Ironie, daß der Planung der Hauptstadt eines so ethnozentrischen Volkes wie die Chinesen ein Projekt zugrunde liegt, das von einem Mongolen in Auftrag gegeben und von einem arabischen Gelehrten ausgearbeitet wurde.

Nachdem die Hauptstadt zu Beginn der Ming-Dynastie nach Nanjing verlegt wurde, wurde 1420 mit der Neuplanung Beijings begonnen. Der chinesischen Tradition folgend hat der Ming-Kaiser aber nicht eine radikale Neuplanung ausführen lassen, sondern es wurde der Grundriß der ehemaligen Hauptstadt Chang'an der T'ang-Dynastie als Grundlage herangezogen. Die nördliche Stadtmauer wurde weiter nach Süden verlegt, ein Teil der Mongolenstadt kam dadurch außerhalb der neuen Stadt gelegen, dafür wurden die im Süden neu gebildeten Gebiete durch eine Mauer eingefaßt, wodurch der bis heute charakteristische Grundriß, bestehend aus der inneren Stadt mit ihrer quadratischen Umfassung und der äußeren Stadt mit der rechteckigen Mauer, entstand. Der Umfang der neuen Stadtmauer betrug 23 km und sie war im Durchschnitt 20 m stark und bis 12 m hoch. Der gleichen Tradition folgend war auch das Straßensystem angelegt: eine zentrale Achse, die durch die Verlegung der Stadtmauern auf 8 km verlängert werden konnte. Im Süden wird sie von den Anlagen des Ackerbau- und des Himmelstempels flankiert, im Norden läuft sie gerade auf die »Verbotene Stadt«, den Palastbezirk, zu. Der Rest der Stadt war durch West-Ost verlaufende Hauptstraßen und dazu orthogonale Nebenstraßen in Blocks zu ca. 77 m Seitenlänge geteilt.

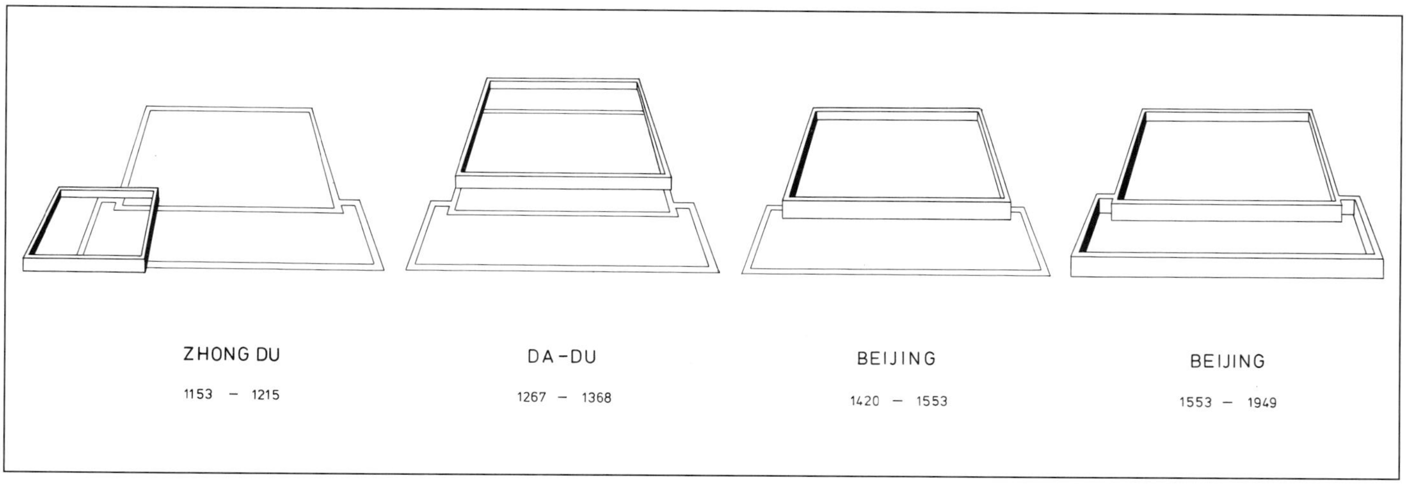


*Entwicklung Beijings*

*Verbotene Stadt*

*Traditionelle Wohnviertel in Beijing*

Dieses System hielt nahezu unverändert bis zum Ende des 19. Jahrhunderts. Europäischer Einfluß wurde erst 1901 nach der Niederschlagung des Boxeraufstandes und der Schaffung von Konzessionsgebieten spürbar, was nicht ohne Einfluß auf die lokale Bautätigkeit blieb. Erst im Jahre 1928, zur Zeit der Bürgerkriege, war der Sitz der Regierung für kurze Zeit wieder nach Nanjing verlegt worden. In der Folgezeit verlor Beijing an Bedeutung, da durch den Bürgerkrieg viele Gegenregierungen ausgerufen wurden, die jeweils eine andere Hauptstadt hatten. Erst nach der Befreiung von den Japanern und dem Sieg Maos über die Armee Chiang Kai-Sheks kam es zu einer Beruhigung. 1949 wurde die Volksrepublik China ausgerufen und Beijing zu ihrer Hauptstadt gemacht.

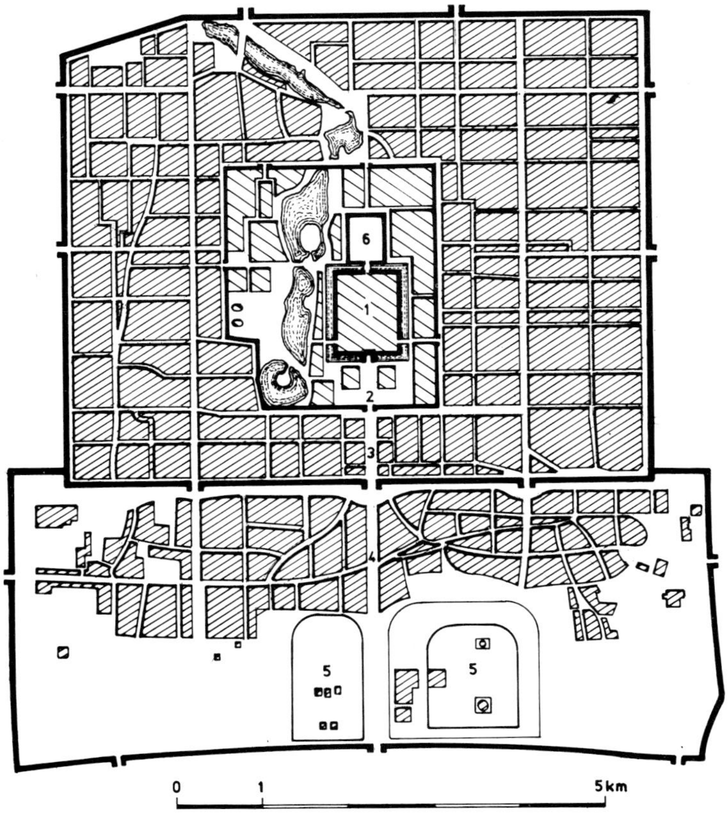


*Beijing, 18. Jahrhundert*
*1 Kaiserpalast*
*2 Verwaltungsbezirk*
*3 Tartarenstadt*
*4 Chinesenstadt*
*5 Tempel*
*6 Garten*

## Beijing als Hauptstadt der Volksrepublik China

Nach mehr als einem halben Jahrhundert des Kriegs und der Flucht der Nationalregierung unter Chiang nach Taiwan blieb ein zerrütteter und unorganisierter Staat zurück. Chiang hatte neben den wichtisten Kunstschätzen auch viele Archive ins Exil mitgenommen. Die kommunistische Regierung hatte praktisch keine Unterlagen, um einen Wiederaufbau zu beginnen. In allen großen Städten, so auch in Beijing, wurden Baubüros eingerichtet, um die Arbeiten zu koordinieren. Es fehlte aber nicht nur an geeigneten Unterlagen, sondern auch an Fachkräften. Ein weiteres Hindernis war die Kompetenzverteilung. Nur die Büros in Tianjin, Beijing und Shanghai hatten eine selbständige Verwaltung, alle anderen unterstanden der Provinzregierung, was zu häufigen Kompetenzstreitigkeiten führte und eine großzügige Planung verhinderte. Es gab daher bis 1957 kaum einen merkbaren Fortschritt.

Die Größe und Verschiedenheit Chinas macht eine standardisierte Planung unmöglich, die verschiedenen Klimazonen und topographischen Verhältnisse verlangen detaillierte und spezifische Unterlagen. Bevor irgendwelche Planungsarbeiten begonnen werden konnten, mußten daher umfangreiche Bestandsaufnahmen gemacht werden. Begonnen wurde mit Stadtplänen im Maßstab 1:2000 und 1:5000 sowie Plänen, auf denen die neue Flächenwidmung sowie Wind-, Wasser- und Bodenverhältnisse ablesbar waren. Hauptanliegen dieser jungen kommunistischen Planung war, aus den Konsumstädten Produktionsstädte zu machen. Die Parole lautete damals: Keine Stadt ohne eigene Industrie!

Trotz bester Absichten scheiterte die Planung am Mangel an Erfahrung. Wie auch bei der industriellen Entwicklung, so wendeten sich die Chinesen an die Sowjetunion um Hilfe. Sie hatte zu dieser Zeit schon zehn Jahre an Erfahrung im Aufbau zerstörter Städte und dieser wollte sich China bedienen. Allerdings war der russische Planungsansatz nicht auf China zu übertragen: während in der Sowjetunion große Straßenzüge und eine netzartige Erschließung verwirklicht wurden, basierte die chinesische Stadtplanung auf einer hierarchischen Gliederung der Straßen und dem hutong als Modul der Wohnquartiere. Alle 100 bis 200 m gab es in der traditionellen Stadtplanung eine Sekundärstraße, alle 400 bis 500 m eine Prinzipalstraße, während die russische Planung durch einen Hang zur Repräsentation und Monumentalität gekennzeichnet ist.

Diese Differenzen führten zum Exodus der russischen Berater, und die chinesische Stadtplanung war wieder auf sich alleine gestellt. Es war aber immerhin eine Ausgangsbasis geschaffen worden, auf der eine Planung aufbauen konnte. Zum 10. Jahrestag der Revolution, 1959, gab es in Beijing zehn fertiggestellte Großprojekte: ein neuer Bahnhof in der Nähe des Zentrums, den bis heute täglich 70000 Menschen passieren, die Halle des Volkes, ein Revolutionsmuseum und vor allem die Chang'an da jie, eine Prachtstraße direkt vor den Mauern der »Verbotenen Stadt«. Gleichzeitig gab es auch große Wohnbauprojekte, so zum Beispiel »Hong ma gou« für die umgesiedelte Bevölkerung der Wohngebiete, die dem Bau der Chang'an da jie mit einer Länge von 40 km und einer Breite von 100 m zum Opfer fielen. Es handelt sich hierbei um eine Anlage von 6 Gebäuden zu je 48 Wohneinheiten. Jedes Objekt wurde ohne den Einsatz von Fertigteilen in nur acht Tagen errichtet, von der Wahl des Grundstücks bis zum Bezug sind nur zwei Monate vergangen.

Der Beginn der 60er Jahre war von einem deutlichen Aufschwung gekennzeichnet, die Schwierigkeiten zu Beginn der kommunistischen Herrschaft konnten großteils überwunden werden, und es zeichnete sich ein Erfolg der bisherigen Entwicklung ab. Um so drastischer war dann der Rückschlag durch die Ausrufung der Kulturrevolution im Juni 1966. Die Planungen wurden den Architekten aus den Händen genommen, einziges Kriterium war die Wirtschaftlichkeit. Auf Ausführung und Qualität wurde keinerlei Wert gelegt. Planer und Professoren waren als unproduktiv angesehen und zu Zwangsarbeit verpflichtet worden. So wurde zum Beispiel der Rektor der Qinghua, der Technischen Universität Beijings, aus seinem Büro auf eine Baustelle in der Nähe verschleppt und zu monatelanger Schwerarbeit verurteilt, von der er sich gesundheitlich nie wieder erholen konnte.

*Beijing 1978*

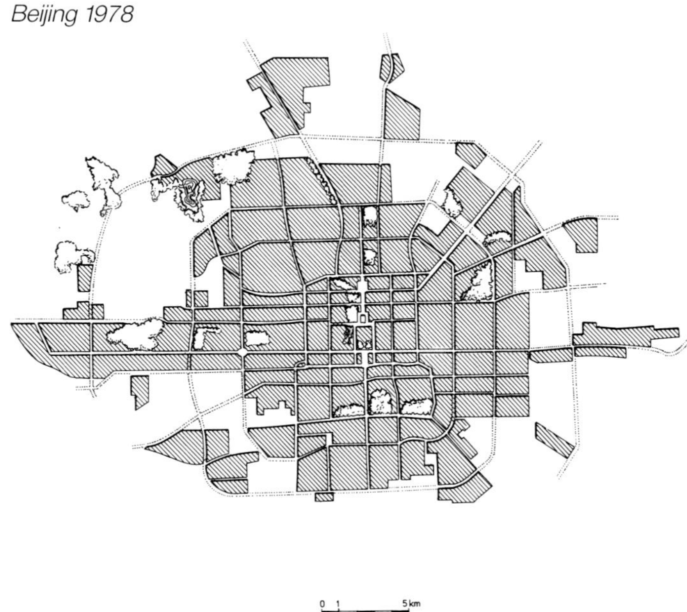

*Hong ma gou, 1958*

Mit dem Wechsel der Politik 1978 wurde der Wohnungsbau wieder forciert, ein freier Wohnungsmarkt existiert aber bis heute nicht. Die Zuteilung einer Wohnung erfolgt über die »dan wei«, die Arbeitseinheit, die in vielen Bereichen die Funktion der Großfamilie übernommen hat. Durch den immer noch akuten Wohnungsmangel gibt es jahrelange Wartezeiten und meist ist eine Wohnung nur durch Beziehungen zu bekommen. Es wird angenommen, daß pro Einwohner durchschnittlich 6,3 $m^2$ Wohnfläche zur Verfügung stehen, genaue Statistiken liegen aber nicht vor. Man weiß nicht einmal genau, wieviele Einwohner heute in Beijing leben. Im Prinzip ist eine freie Wohnortwahl nicht möglich, von den tausenden Verschickten der Kulturrevolution sind aber viele illegal wieder in die Hauptstadt zurückgekommen, haben sich bei Verwandten niedergelassen und sind staatlich nicht erfaßt.

Die heutige Situation zeigt zwar eine deutliche Verbesserung gegenüber den 60er Jahren, von einem angemessenen Wohnstandard ist man jedoch noch weit entfernt. Das Gebiet innerhalb der ehemaligen Stadtmauern, die bis auf einige Tore geschliffen wurden, ist nach wie vor vom »sheyuan«, dem Pekinger Hofhaus, geprägt. Es wird nicht mehr wie ursprünglich von einer Großfamilie bewohnt, sondern verschiedene Familien und Generationen müssen sich die diversen Objekte aufteilen. Das Recht auf privaten Hausbesitz ist nicht gegeben, vielmehr sind die einzelnen Häuser der hutongs zu Verwaltungseinheiten zusammengefaßt. Jedes Haus hat einen Vorsteher, der selbst wieder dem Vorstand des hutongs verantwortlich ist. So zieht sich eine Hierarchie über den Gebietsleiter und den Bezirksvorstand bis hin zum Bürgermeister.

Lange Jahre waren diese historischen Viertel als rückständig und nicht der Ideologie entsprechend vernachlässigt worden und sind daher in einem äußerst schlechten Zustand. Die ehemaligen Hausbesitzer bekamen in der Kulturrevolution fremde Mitbewohner zugeteilt, die ohne Miete in ihren Häusern leben durften. Selbstverständlich fühlte sich niemand für den baulichen Zustand oder die Instandhaltung verantwortlich. Ein Wasseranschluß pro Haus (3 bis 5 Familien) ist die Regel, die Körperpflege wird in Badehäusern durchgeführt, Toiletten gibt es nur in dafür vorgesehenen öffentlichen Häusern, die fallweise von 10 Uhr abends bis 6 Uhr früh geschlossen sind. Während dieser Zeit kommt der traditionelle Nachttopf zum Einsatz. In den letzten Jahren wurde, dem internationalen Trend folgend, aber auch für touristische Zwecke, mit der Renovierung des Bestands begonnen.

Außerhalb der ehemaligen Stadt erstrecken sich die Gebiete der neuen Hochhausbauten. War in der Kulturrevolution ein Haus über 3 Geschosse bereits dekadent, zeichnet sich der heutige Wohnbau durch Wohnkasernen mit über 12 Geschossen aus. Diese Bauten werden aus Fertigteilen errichtet, sind jedoch meist von schlechter Qualität. Einfache Verglasung, keine Wärmedämmung der Wände und nur wenige Radiatoren führen im Winter zu einer maximalen Raumtemperatur von 12 °C. Allerdings sind in vielen Wohnungen der letzten Zeit Badezimmer und Küche eingeplant. Wie in allen Bereichen, so wird auch beim Wohnen großes Augenmerk auf die Kontrolle der Menschen gelegt. Zwischen den Blocks befinden sich kleine Hütten, in denen permanent ein Beamter sitzt, der das Haus unter Beobachtung hält. Dort ist auch der einzige Fernsprechanschluß; wird man am Telefon verlangt, tritt dieser Beamte vor die Türe und ruft den Namen. Während die alten Häuser mit Glühbirnen (max. 20 W) beleuchtet werden, gibt es im Neubau nur Neonlicht.

Trotz dieser zahlreichen Mißstände darf man nicht die Situation in Europa als Vergleich heranziehen, sondern muß sie im Gefüge des gesamtasiatischen Bevölkerungsdrucks sehen. Insofern ist die Tatsache, daß doch ein Großteil der Bevölkerung ein Dach über dem Kopf hat, als ungeheurer Fortschritt zu sehen, der in vergleichbaren Ländern (Indien, Indonesien, Vietnam) nicht annähernd erreicht werden kann.

*Hauptbahnhof in Beijing*

## Beispiele zeitgenössischer Wohnbauten

### 1. Student

Xiong, 24, studiert an der Filmhochschule Beijing Schauspiel. Seine Unterkunft entspricht dem Standard, der für Studenten vorgesehen ist. Auf 13 $m^2$ leben vier Studenten unterschiedlicher Fachrichtung und Alters. Jeder Student hat ein Bett, einen halben Schreibtisch und die Hälfte eines 30 cm breiten Kastens zugeteilt. Waschschüssel, Nahrungsmittel und Lernmaterial werden in Koffern und unter dem Bett aufbewahrt. Gelernt wird abwechselnd an den kleinen Tischen, oft jedoch auch auf der Straße unter Laternen. An stärker besuchten Hochschulen werden Kasten und Tisch durch zwei zusätzliche Stockbetten ersetzt und ein Zimmer mit acht Studenten belegt. Dann können alle Tätigkeiten nur mehr sitzend auf dem Bett verrichtet werden.

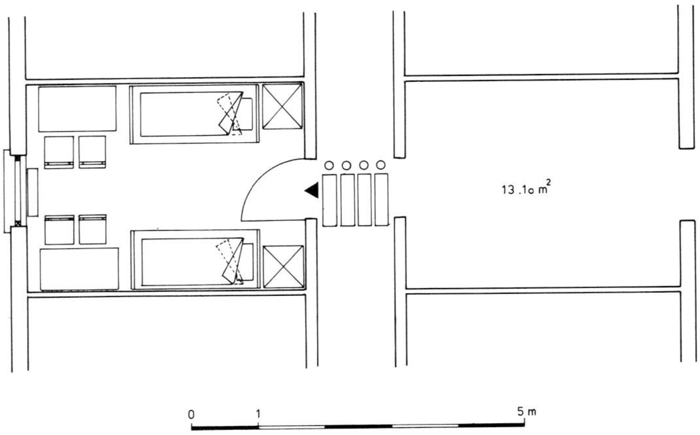


*Studentenwohnheim*

### 2. dreiköpfige Familie

Zhang, 30, ist Dozent, seine Frau Bibliothekarin an der Universität. Sie haben ein einjähriges Kind. Ihre Wohnung (Zimmer) wurde ihnen von der Schule zugewiesen. Dadurch, daß sie als Familie ein eigenes Zimmer haben, fühlen sie sich privilegiert und sind mit ihrer Situation sehr zufrieden. Sie haben ein 12 $m^2$-Zimmer zu ihrer alleinigen Verfügung. Dieses ist mit allen Einrichtungsgegenständen, die in einer westlichen Wohnung zu finden sind, eingerichtet: Tisch, Klavier, Doppelbett, Couch, Tisch. Gearbeitet wird am Schreibtisch, tagsüber liegt das Kind im Kinderwagen, nachts schläft es auf dem Sofa. Kommt Besuch, bleibt es auch in der Nacht im Wagen. Beheizt wird die Wohnung zentral, es gibt noch einen gemeinsamen Vorraum und eine Küche. Der Vorraum wird als Lager und Abstellplatz verwendet, jede der drei Familien hat dort einen Kasten stehen. Die Fahrräder werden ebenfalls hier eingestellt. Die Küche, obwohl an einer Außenwand, ist fensterlos und dient gleichzeitig als Badezimmer.

*Zimmer einer 3-köpfigen Familie*

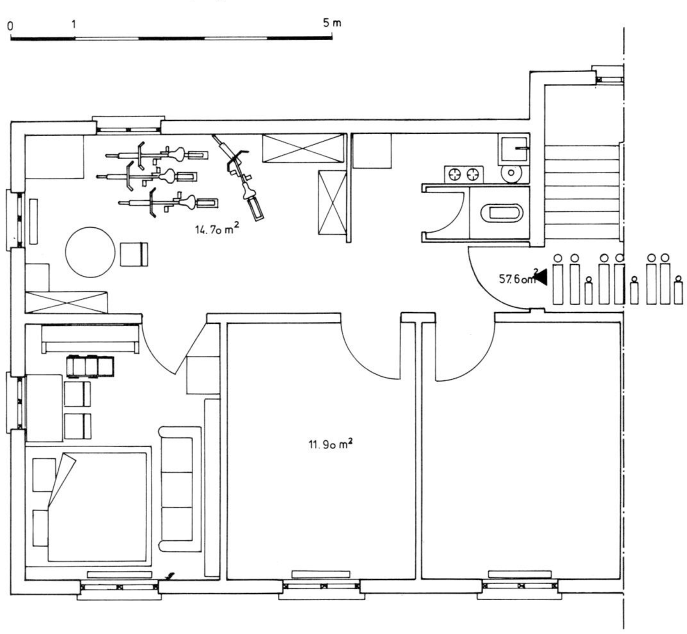


### 3. Kaderfamilie

Huang ist Firmendirektor und hat eine vierköpfige Familie. Durch seinen Beruf ist er häufig auf Reisen, seine Frau befindet sich auf einem Postgraduate Studium in den USA. Die Tochter ist verheiratet und lebt in der Wohnung ihres Mannes. Einziger ständiger Bewohner dieser Wohnung ist der Sohn, der noch studiert. Es ist eine 3½-Zimmer-Wohnung in einem Vorort Beijings. Für chinesische Verhältnisse ist sie bereits so riesig, daß tagsüber eine Haushälterin angestellt werden muß. Allerdings vermittelt eine Haushälterin auch den Eindruck der Wohlhabenheit, ist also mehr aus Repräsentationsgründen denn als Hilfe beschäftigt. Der Aufbau der Wohnung folgt westlichen Vorbildern: Bad und WC sind räumlich getrennt, obwohl kaum zu begehen. In der Küche gibt es einen Propangasanschluß und einen Kohleofen, ein Waschbecken und einen Eiskasten. Das Wohnzimmer hat einen Balkon vorgelagert und ist nach den gängigen Vorstellungsbildern mit Sitzgarnitur, Klavier und Video ausgerüstet. Außerdem hat die Wohnung einen der 3000 privaten Telefonanschlüsse Beijings.

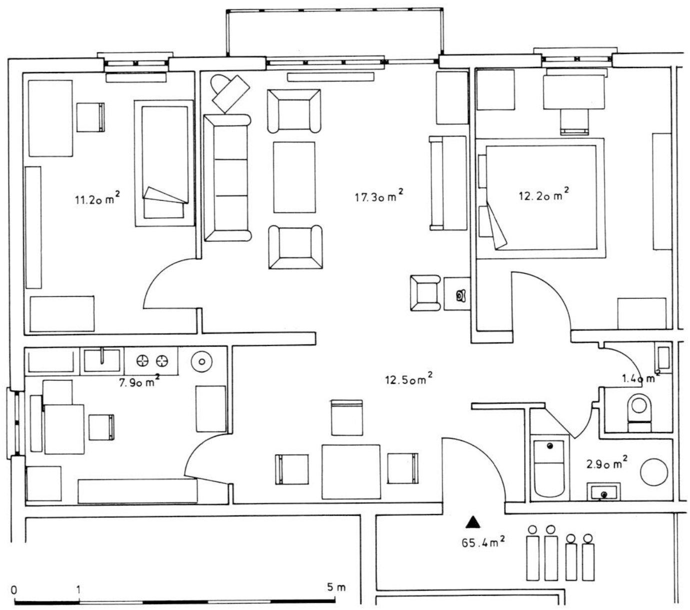


*Kaderwohnung*

(Bestandserhebung: Ulrike Grein, Zürich)


*Literatur:*
*Hoa, Leon: Reconstruire la Chine, Trente ans d'urbanisme 1949–1979. Paris 1981*
*Ladstätter, Otto; Linhart, Sepp: China und Japan. Wien 1983*
*Bulletin d'Informations Architecturales No 79, Oktober 1983. Inst. Française d'Architecture, Paris*
*China Daily 2. 1. 87*
*Buchanan, Veith: L'Espace Chinoise, Ses transformations des origines à Mao Zedong. Paris '73*

## *Beschreibung ländlicher Siedlungsformen*

## Nias

Nias, eine hügelige Insel südwestlich von Sumatra, ist von dichtem Dschungel und mannshohem Gras bewachsen. In diesem unwegsamen Gelände findet sich eine der letzten lebendigen Megalithkulturen der Erde. Die Bewohner betreiben Feldbau (Taro, Mais, Yams und Reis) und Viehhaltung (Schwein und Huhn) und lebten bis Anfang unseres Jahrhunderts vom Sklavenhandel nach Sumatra. Erste Erwähnungen finden sich in arabischen und persischen Texten, später kamen Missionare aus Portugal, England, Holland und neuerdings auch aus Deutschland. Trotz dieser Kontakte ist der Ahnenkult nie völlig ausgestorben. Das »adat«, das Gewohnheitsrecht oder die Tradition, gebietet, den alten Bräuchen zumindest nach außen hin treu zu bleiben. Daher sind die Ortschaften auch heute noch von aufrecht stehenden, glatt polierten Steinstelen, die der Ahnenverehrung dienen, bestimmt. Ebenso sind besonders im Süden der Insel die Sozialstruktur, der monumentale Kunststil und nicht zuletzt auch die Architektur bis heute authentisch erhalten. Es wird aber nicht nur die Form tradiert, sondern die ganze Anlage des Dorfes, Plätze und Straßen, ja sogar Lage und Ausbildung der Gräber.

Die Haustypen des Nordens und Südens der Insel unterscheiden sich grundsätzlich durch ihren Platz in der Dorfstruktur: im Norden dominieren die ovalen Einzelgehöfte, im Süden bildet das Haus einen integralen Teil des gesamten Orts. Die besten Architekturbeispiele finden sich in der Region Kecamatan-Telukdalam ganz am Südende der Insel. Ort und Haus sind rechteckig und Ausdruck der Dualität, die der Kosmologie der Niasser zugrundeliegt: oben–unten, Sonne–Mond, Hahn–Schlange, Gelb–Schwarz, für jedes Element gibt es eine Antipode. Diese Dualität geht bis zur Dongson-Kultur, einer Bronzezeitkultur, zurück und wurde in späterer Folge von hinduistischen Einflüssen überlagert. Meist liegen die Ortschaften auf Hügeln, entweder aus strategischen Gründen oder in Anlehnung an den Berg Meru aus der Hindumythologie. Dominantes

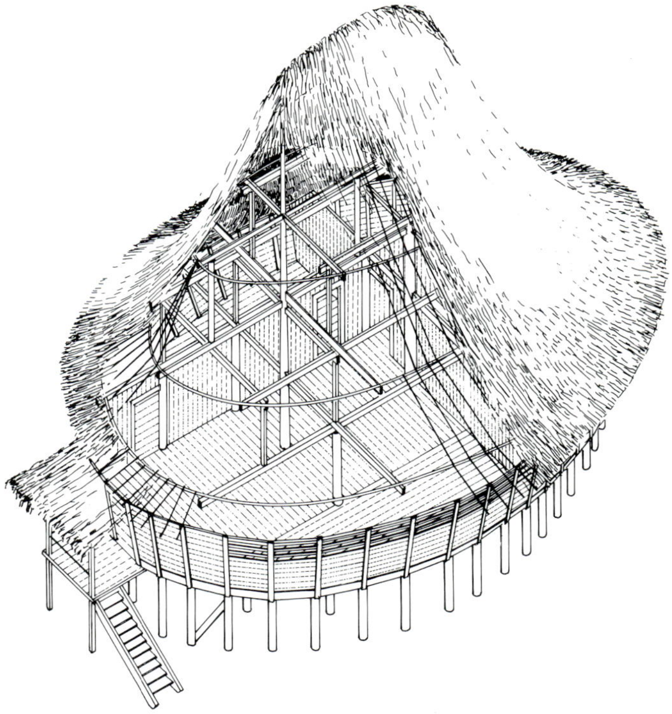

*Ovales Haus, Nordnias*

*Anger*

*Megalith in Babomatalu*

*Palast*

Element ist der Anger, der zu beiden Seiten von den traditionellen Häusern, den »omo ada«, flankiert wird.

Der Anger, dessen Länge immer in der gleichen Proportion zur Breite steht, ist gepflastert und seitlich durch je einen kleinen Kanal von den Häusern separiert. Wann immer ein neuer Ort geplant werden sollte, wurde zuerst eine Stelle durch einen Priester festgelegt. Nach der Rodung wurde der Platz (Anger) durch Auslegen von Teilen des Weltenbaumes markiert. In der Mitte liegt der »fuso newali«, der Nabel des Dorfes, von wo aus die Grenzen des neuen Dorfes ausgemessen wurden. In ihrer politischen Struktur sind die Dörfer mit Stadtrepubliken gleichzusetzen. Es gab keine gemeinsame Verwaltung mit benachbarten Dörfern, wenngleich sich auch immer wieder benachbarte Siedlungen zu Föderationen zusammenschlossen. Etwa 100 m vom Anger entfernt wurde ein Bambuszaun errichtet und davor ein mannstiefer Graben ausgehoben, der mit gespitzten Bambusstangen ausgelegt wurde. Ziel dieser Verteidigungsanlagen war es, die Feinde nicht in Speerwurfentfernung herankommen zu lassen. Am Ende des Orts führen Stufen in die Felder hinab. Sie sind meist von mythischen Schlangen- oder Krokodildarstellungen, die die Unterwelt symbolisieren, flankiert. In der Nähe des Häuptlingshauses wird am Platz ein Versammlungshaus errichtet, daneben sind die wichtigsten Steinskulpturen aufgestellt: bis zu 4 m hohe Stelen, Steintische, aber auch Nachbildungen europäischer materieller Kulturobjekte, wie z. B. einer portugiesischen Schatztruhe oder einer Kanone. Ein wichtiges Element ist der Sprungstein, eine ca. 2,5 m hohe Steinpyramide, die bei bestimmten Festen von jungen Männern in ihrer Kriegsausrüstung übersprungen werden muß. Der Hauptplatz trennt aber auch die sozialen Gruppen: auf einer Seite sitzt der Adel, gegenüber die Bauern. In der Regel wird diese starre Struktur aber nicht eingehalten, sondern es handelt sich eher um einen oberen Ortsteil für die Noblen und einen unteren für die Leibeigenen. Bis zu Beginn unseres Jahrhunderts war die Sklavenhaltung ein integraler Bestandteil der niassischen Gesellschaft. Auch hier gab es zwei Klassen: die Sklaven, die nur in den Feldern wohnten, und die Haussklaven, die gemeinsam mit den Tieren ihren Schlafplatz unter dem Haus hatten. Sie wurden als Besitz angesehen, der einen großen Wert darstellte, und relativ gut behandelt. Von gesellschaftlichen Anlässen und der Kopfjagd waren sie aber ausgeschlossen.

Das Haus ist ebenfalls von der Dualität geprägt: Oberbau – Unterbau, vorne – hinten, rechts – links. Jeweils zwei Häuser werden über eine gemeinsame Stiege erschlossen, innen ist es in ein vorderes und ein hinteres Zimmer aufgeteilt, getrennt durch eine Holzwand mit der Feuerstelle. Ein großes Fenster über die ganze Hausfront

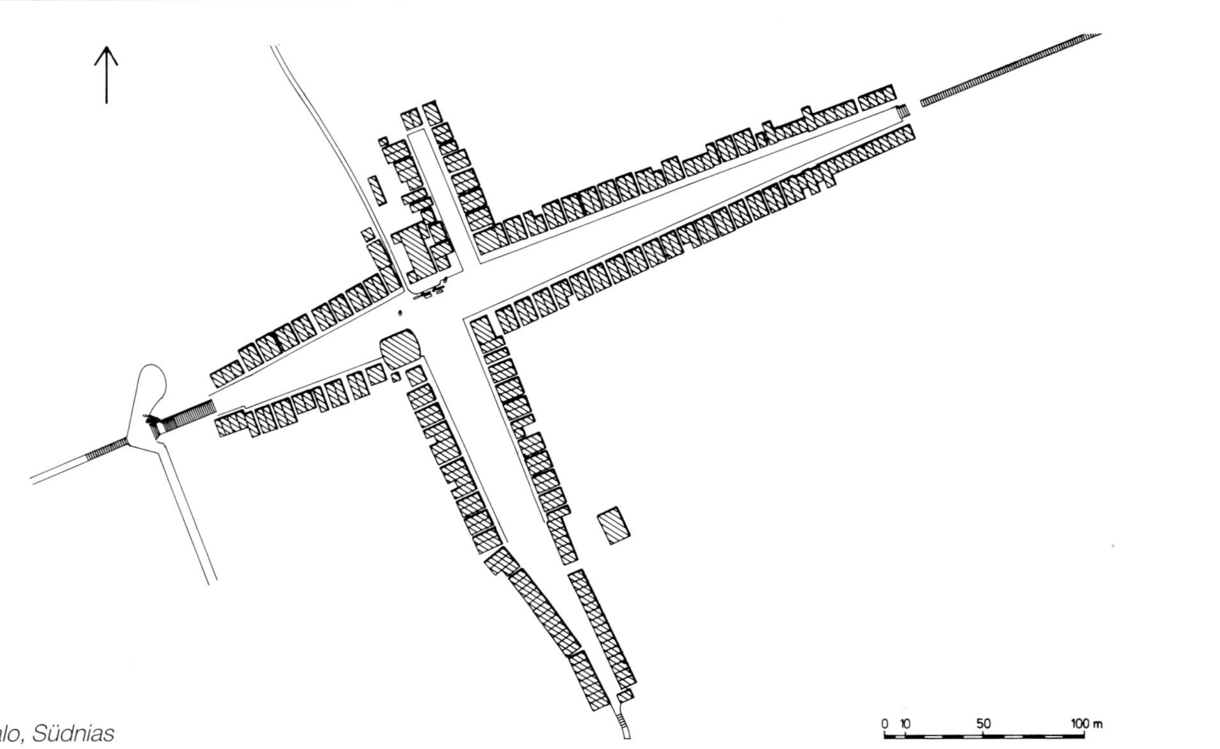


*Babomatalo, Südnias*

öffnet es zum Anger hin, durch einen Seiteneingang ist das Nachbarhaus zu erreichen. Diese Öffnungen und Verbindungen sind Ausdruck extremer sozialer Kontrolle. Die Wohnebene liegt 2,5 m über dem Niveau, gestützt von zahlreichen massiven Stämmen, die auf ringförmigen Steinfundamenten ruhen. Diagonale Stämme, »driwa«, geben dem Haus in diesem erdbebengefährdeten Gebiet die nötige Seitenstabilität. Die Wohnfläche ist zweigeteilt, das Zimmer zum Platz dient als Speiseraum, hier wird die tägliche Arbeit erledigt und Besuch empfangen. Im hinteren Raum liegen die große Feuerstelle und ein Podest zum Schlafen. Das Dach, beim normalen Wohnhaus ca. 9 m hoch, wird von einer Bambuskonstruktion getragen und ist mit Palmblättern gedeckt. Im Laufe der Zeit hat sich die Funktion der »tuwo tuwo«, der großen Dachfenster, gewandelt: Bis zur Aufgabe der Kopfjagd vor einigen Jahrzehnten mußte im Falle eines Angriffs ein Fluchtweg über das Dach möglich sein. Heute dient es nur mehr zur Querbelüftung, einer absoluten Notwendigkeit in tropisch feuchtem Klima. Das Luftvolumen und die Form des Daches, das glattpolierte Holz und die zahlreichen jalousieartigen Wandöffnungen tragen deutlich zur Temperatursenkung bei und schaffen im »omo ada« ein angenehmes Raumklima.

Der Höhepunkt der Baukunst in Nias ist in den Häuptlingshäusern, den »omo rajah« oder »omo zebuah« zu sehen. Das »omo zebuah« in Babomatalu beispielsweise ruht auf 75 cm dicken Stämmen und wird im Gegensatz zu den anderen Häusern von unten erschlossen. Innen bleibt die Dualität gewahrt, allerdings wurde in die Mittelwand eine Galerie eingebaut, von welcher man die Ratssitzungen der Adeligen beobachten kann. Macht und Reichtum werden nicht nur durch die außergewöhnliche Größe des Gebäudes gezeigt, sondern auch die handwerkliche Ausführung und künstlerische Ausgestaltung, und nicht zuletzt die zahlreichen Schweinekiefer, die im Dach hängen, zeugen von sozialem Rang und Ansehen. Die Wände sind Rahmenkonstruktionen, die mit geschnitzten Kassetten ausgefüllt sind. Die ursprünglich bis zu 15 cm starken Pfosten werden auf dünne Platten abgearbeitet, wobei pro Kassette ein Motiv herausgeschnitzt wird. Meist handelt es sich um eine mythologische Darstellung, Schlange, Krokodil, Hahn und Fabelwesen herrschen vor, aber es gibt auch Anker, Gewehre oder portugiesische Segelboote als Motive.

Heute wird für Neubauten fast immer der malayische Stil bevorzugt, die ovalen Häuser des Nordens werden nicht mehr gebaut, die »omo ada« des Südens nur ganz selten. Im Vergleich zu den malaiischen Häusern ist der Aufwand für die Konstruktion enorm und vielfach fehlen die nötigen Baumaterialien. So ist »kafini«, das Holz für die Säulen, nicht mehr in der nötigen Dimension zu finden. Man kann nur hoffen, daß die Niasser trotz dieser Schwierigkeiten zu ihrem »adat« stehen und diese Kultur noch viele Generationen erhalten bleibt.

*Literatur:*

*Bier, Michael, Reinhold Mittersackschmöller: Architecture in Nias. Image of social structure. In: Indonesia Magazine 5/16/86, S. 60–63*

*Guidoni, Enrico: Primitive Architecture. History of World Architecture. Milano 1975*

*Schröder, E. E. W. G.: Nias, Ethnographische, Geographische en Historische Aanteekoningen en Studien. Leiden 1917*

*Viaro, Alain: Urbanisme et Architecture traditionnels du Sud de l'ile de Nias. UNESCO 1980*

*Suzuki, Peter: The religious System and Culture of Nias. Leiden 1959*

## Die Langhäuser in Kalimantan (Borneo)

Kalimantan, eine Insel von der Größe Frankreichs und der Schweiz zusammen, war bis in die 70er Jahre des 19. Jahrhunderts eine der unerforschtesten Regionen der Erde. Erst der Erdölboom und später die Abholzung der Tropenwälder haben Kalimantan die Vor- und Nachteile der Zivilisation beschert. Politisch ist diese drittgrößte Insel der Erde in Brunei, malaiisches und indonesisches Territorium aufgeteilt. Während an der Westseite, in Brunei, im malaiischen Sarawak und Sabah hohe Gebirge vorherrschen (Mt. Kinabalu 4100 m), ist Kalimantan, der indonesische Teil, eine riesige Ebene. Hauptverkehrswege sind die riesigen gelbbraunen Flüsse, die sich in endlosen Mäandern durch den Dschungel kämpfen. Sie sind aber nicht nur Transportwege, sondern Lebensadern ganz allgemein: die spärlichen Anbauflächen und die Langhäuser liegen jeweils in unmittelbarer Nähe zum Wasser.

In Sarawaks, im Westen der Insel, leben Chinesen, Malaien und die Urbevölkerung. Die Städte sind von Chinesen dominiert, sie machen ca. 40 % der Gesamtbevölkerung aus. Der Zuzug der Malaien aus Westmalaysia wird von der Regierung unterstützt, derzeit macht ihr Anteil ca. 20 % aus. Den Rest bilden verschiedene Stämme der Dayak, heute als Gesamtbegriff für die protomalaiische Bevölkerung verwendet. Die Iban und Seedayak bilden die größte Gruppe, gefolgt von den Landdayak. Kayan siedeln an den Oberläufen der Flüsse und sind bekannt für ihre kunstvollen Tatauierungen. Weiter im Norden leben die Stämme der Murut und Kadazan, aber auch Bajaos werden an den Küsten im Nordosten angetroffen.

Außerhalb der wenigen jungen Städte ist die Hauptsiedlungsform das traditionelle Langhaus. Diese bis zu 180 m langen Pfahlbauten stehen an Flußufern und wirken nach außen hin als ein einziges Gebäude. Von seiner Struktur her ist es aber eine Addition mehrerer selbständiger Wohnungen. Der Aufbau ist bei allen Häusern gleich: Eine Familie, meist 5 bis 6 Personen, besitzt einen abgeschlossenen Raum, »bilek«, in dem gegessen und geschlafen wird. Davor, dem Fluß zugewandt, ist ein zugeordneter Wohn- und Arbeitsplatz, »ruai«, eine gedeckte Veranda, die den Eindruck einer Gemeinschaftshalle erweckt. Vor dieser Halle befindet sich eine ungedeckte Plattform, »tanju«, die teilweise als Holzlager und Trockenfläche dient. Oberhalb von bilek und ruai liegt ein Zwischengeschoß, »sadau«, wo Haushaltsgüter, Reis, Körbe und Matten aufbewahrt werden. Diese strenge Anordnung ist mit der Zeit zahlreichen Erweiterungen gewichen. So wird in der Regel an das bilek hinten ein weiterer Raum angebaut, eventuell auch noch eine Veranda. Der Kochplatz, der ursprünglich an der Mittelmauer liegen sollte, befindet sich oft unter einem kleinen Dach im Freien. Während der Boden des bilek mit polierten Holzbrettern gedeckt ist, geht man in den hinteren Räumen auf dünnen Latten, unter denen die Hängebauchschweine leben, die mit Speiseresten, die durch die Latten fallen, gefüttert werden.

Die Anzahl der bileks in einem Langhaus kann sehr unterschiedlich sein. Gegen Ende des 19. Jahrhunderts hat Raja Brooke, ein englischer Abenteurer, dem vom Sultan von Brunei das Gebiet Sarawak zur Verwaltung übertragen wurde und dessen Familie ein Jahrhundert in Kuching residierte, ein Gesetz erlassen, wonach kein Langhaus weniger als 10 Türen haben durfte. Da jedes bilek eine Tür zum ruai hat, gibt die Anzahl der Türen über die Größe des Langhauses Aufschluß. Mit diesem Gesetz wollte der Raja die Bevölkerungsbewegungen kontrollieren und die Iban-Migration beschränken. Um sich gegen feindliche Angriffe besser schützen zu können, hatten Langhäuser ursprünglich bis zu 40 Türen, später herrschten wieder kleinere Einheiten vor, um das karge Agrarland besser nutzen zu können. Neuerdings geht der Trend wieder zu großen Häusern, der Kontakt zur industrialisierten Welt, aber auch die Errichtung von Schulen und die Krankenversorgung fördern eine Zentralisierung.

Das Leben in einem Iban-Langhaus ist geprägt von der Gleichberechtigung seiner Bewohner. Viele Arbeiten werden gemeinsam verrichtet, auch das soziale Leben ist durch zahlreiche Verwandtschaftsbeziehungen sehr ausgeprägt. Abends wird im ruai gegessen, danach diskutiert und gescherzt. So kommt es häufig vor, daß bis in die frühen Morgenstunden reges Treiben herrscht. Oberhaupt eines Langhauses ist der »tuai rumah«, nach dem auch das Haus benannt wird. In der Regel ist es ein Mann, ein Verwandter des vorigen, aber es kann auch eine Frau gewählt werden. 1962 wurde in Pruan, einem Langhaus mit 28 Türen nahe Simanggang, eine Frau (Chupi anak Buja) zum Oberhaupt ihres Hauses gewählt. Der tuai rumah wohnt in der Mitte des Hauses und seine Wohnung ist meist reich dekoriert. Er schlichtet Streitfälle, spricht Scheidungen aus, stellt den Kontakt zur Geisterwelt her und beruft Ratssitzungen ein. Diese finden im ruai unter den Trophäen der erbeuteten Menschenköpfe statt.

Bis Mitte des 20. Jahrhunderts war die Kopfjagd in Borneo weit verbreitet. Man ist sich über die Ursache dafür nicht eindeutig im klaren, Voraussetzung für die Jagd nach Köpfen war aber sicherlich der Glaube, durch Aneignung des Kopfes der Seele oder des Geistes des Feindes habhaft zu werden. Erst durch die Erbeutung eines Kopfes konnte ein junger Mann seine Männlichkeit unter Beweis stellen. Dabei war der soziale Stellenwert des Opfers nicht ausschlaggebend, Kranke und Kinder mußten dafür ebenfalls herhalten. Der Kopf wurde getrocknet und in einem Rattannetz im Gebälk über dem ruai aufgehängt. Die gesammelten Köpfe, bis zu 50 Stück, sind gewissermaßen Kollektiveigentum des gesamten Langhauses.

*Literatur:*
*Jensen, Erik: The Iban and their Religion. Oxford, 1974*
*Loose, Stefan; Lamb, Renate: Südostasienhandbuch. Berlin 1986*

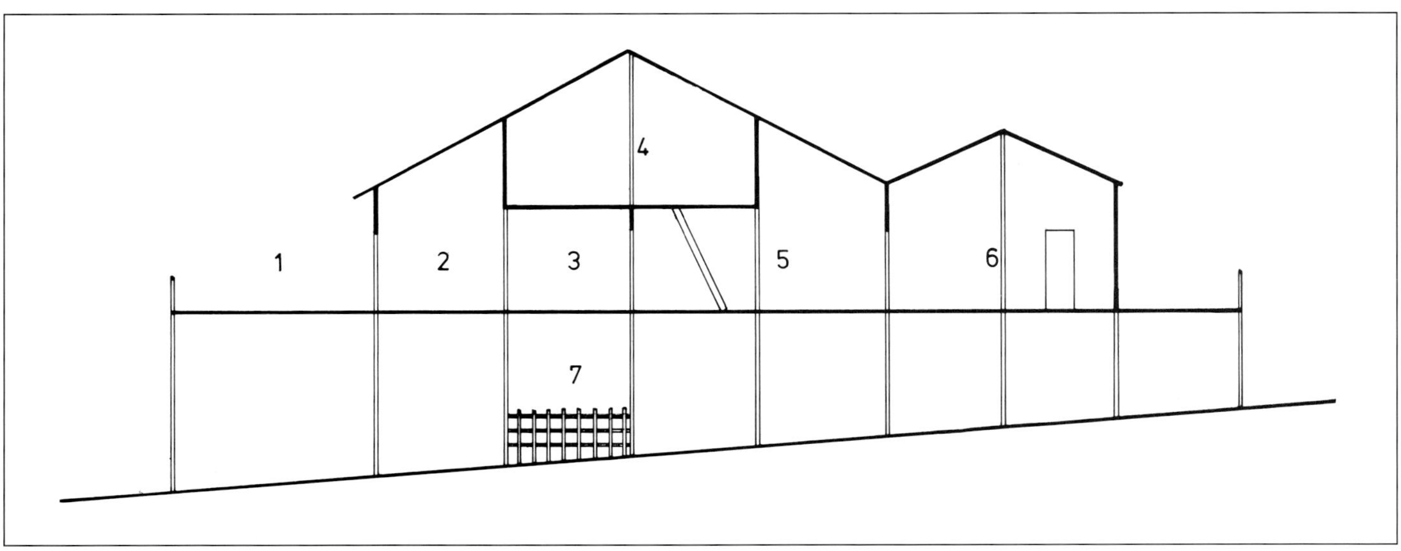

*Langhaus bei Kapit*

| | |
|---|---|
| *1. Tanju* | *Außenveranda* |
| *2. Ruai* | *Gemeinschaftsveranda* |
| *3. Tempuan* | *Durchgangsveranda* |
| *4. Sadau* | *Reisspeicher* |
| *5. Bilek* | *Wohn- und Schlafraum* |
| *6. Dapos* | *Küche* |
| *7.* | *Stallungen* |

## Die Seezigeuner des Sulu-Archipels

Der Sulu-Archipel ist eine Inselgruppe zwischen Mindanao und dem Nordkap Borneos. Bewohnt werden diese Inseln von zwei großen Ethnien, den politisch dominanten Taosug (73 %) auf Jolo und Siasi, und den untergeordneten Samal (22 %). Diese zweite Gruppe ist in sich sehr unterschiedlich. Während die moslemischen Mekkapilger hohes Ansehen genießen, rangieren die nomadischen Bajaos auf der untersten Stufe. Im Gegensatz zu den anderen Gruppen sind die Bajaos nur oberflächlich Moslems, in Wahrheit folgen sie ihrer alten, nativistischen »Pagan«-Religion. Der Sage nach hatte sich im 14. Jahrhundert der Sultan von Brunei in die Tochter des Sultans von Johore verliebt, die aber mit einem älteren, jedoch reicheren Sultan in Sulu hätte verheiratet werden sollen. Als sie mit ihrem Gefolge an der Nordküste Borneos entlangsegelte, um zu ihrem Freier gebracht zu werden, wurde der Troß vom Sultan von Brunei überfallen und die Prinzessin geraubt. Ihre Begleiter wagten sich nicht mehr in ihre Heimat zurück, eine Weiterreise hatte aber auch keinen Sinn; so wurden sie zu den heimatlosen Seezigeunern der Sulusee.

## Die Bajaos

Das Hauptsiedlungsgebiet der Bajaos ist in der Gegend der Tawi-Tawi-Inselgruppe. Es gibt dort fünf große Ankerplätze, an denen immer Boote angetroffen werden können. Diese Liegeplätze sind von der Anlage her sehr ähnlich: Sie sind gegen das offene Meer durch Riffe geschützt, in der näheren Umgebung befindet sich ein Strand, an dem die Kinder spielen und die Bootsarbeiten durchgeführt werden können. Meist ist eine Siedlung von landbewohnenden Samal in der Nähe. Mit diesen leben die Bajaos in einer Art Symbiose, sie tauschen Fisch für Reis, Gemüse und Obst. Diese Orte werden seit Generationen benützt, sie können aber auch, wie 1964 zuletzt, über Nacht verlassen werden. Damals hatte eine Gruppe Taosug die Boote angegriffen und 17 Menschen getötet. Innerhalb von Stunden war dieser Ankerplatz verlassen und wurde nie wieder angefahren. Die Wanderungen der Seezigeuner sind zyklisch und hängen hauptsächlich vom Fischfang ab. So ziehen zum Beispiel bei Vollmond die Bajaos von entlegenen Inseln nach Bilatan, um die Fischschwärme, die in das seichtere Wasser vordringen, zu erwarten. Während des Monsuns wird bei Sanga-Sanga auf Haifische Jagd gemacht und neuerdings hat sich auch die Netzfischerei durchgesetzt. Ein weiterer Grund für ihre Wanderungen sind die zahlreichen familiären Bande, fast alle Seezigeuner sind untereinander irgendwie verwandt. Zu Hochzeiten und Begräbnissen treffen manchmal hunderte Boote aus den entlegensten Winkeln des Sulu-Archipels ein. Während der stürmischen Saison kann es aber auch vorkommen, daß die Seezigeuner Felder der befreundeten Land-Samal benützen und Reis anbauen. Zu Beginn der Fischereisaison beginnen sie wieder zu wandern. Durch dieses Nomadenleben und ihre geringe Bevölkerungszahl waren sie den verschiedenen Regierungen nie gefährlich und konnten so über Jahrhunderte ihre Eigenheiten bewahren.

Die Bajaos leben in der Kernfamilie, meist getrennt von anderen. Normalerweise wohnen 4 bis 5 Personen auf einem Boot. Witwen versuchen so rasch wie möglich wieder zu heiraten oder sie schließen sich mit Verwandten zu einer Wohngemeinschaft zusammen. Aber auch Adoption ist ein häufiges Mittel, das Wohnboot funktionstüchtig zu halten. Ein altes Ehepaar lebt in der Regel alleine, bis ein Partner stirbt und sich der andere einem seiner Kinder anschließt. Heiratet ein junges Paar, kann es einige Zeit zwischen den Booten seiner und ihrer Eltern pendeln, nach einem Jahr sollte aber ein eigenes Boot gebaut sein.

Heute gibt es noch ca. 80 Boote seefahrender Zigeuner. Viele haben bereits zusätzlich Häuser gebaut oder die Boote für immer verlassen. Folgen die Seezigeuner noch ihrer traditionellen Religion, konvertieren sie als Landbewohner meist rasch zum Islam. Ihre Behausungen sind dabei sehr ähnlich: im Boot herrscht extremer Platzmangel. Eine Person hat nur knappe 2 $m^2$ zur Verfügung. Der hintere Teil des Bootes dient der Hausarbeit, dem Kochen und als Materiallager. Geschlafen wird auf kunstvoll geflochtenen Bastmatten im vorderen Teil, der auch besonders sauber gehalten wird. Auf dem aus Palmblättern geflochtenen Dach werden Fische getrocknet, das Fischereiwerkzeug und die Stakstange aufbewahrt. Viele Teile des Sulu-Archipels sind nicht tiefer als 2 m, man kann oft den sandigen Grund durchscheinen sehen, auch auf weiten Strecken reicht daher eine 3 bis 4 m lange Stange zur Fortbewegung aus.

Wenn sich die Bajaos ein Haus bauen, übernehmen sie viele dieser Charakteristika. Prinzipiell wird es als Pfahlbau über zumindest teilweise überflutetem Land, manchmal aber auch viele Meter von der Küste entfernt, errichtet. Wohnmöbel sind nicht vorhanden, alles ist in Kisten, Koffern oder Schachteln verstaut, die an der der Strömung zugewandten Seite des Hauses stehen. Dort befindet sich auch die Ahnenkiste. Der Ahnenkult ist ein wichtiges Element in ihrer Religion und im Leben der Bajaos im allgemeinen. Der

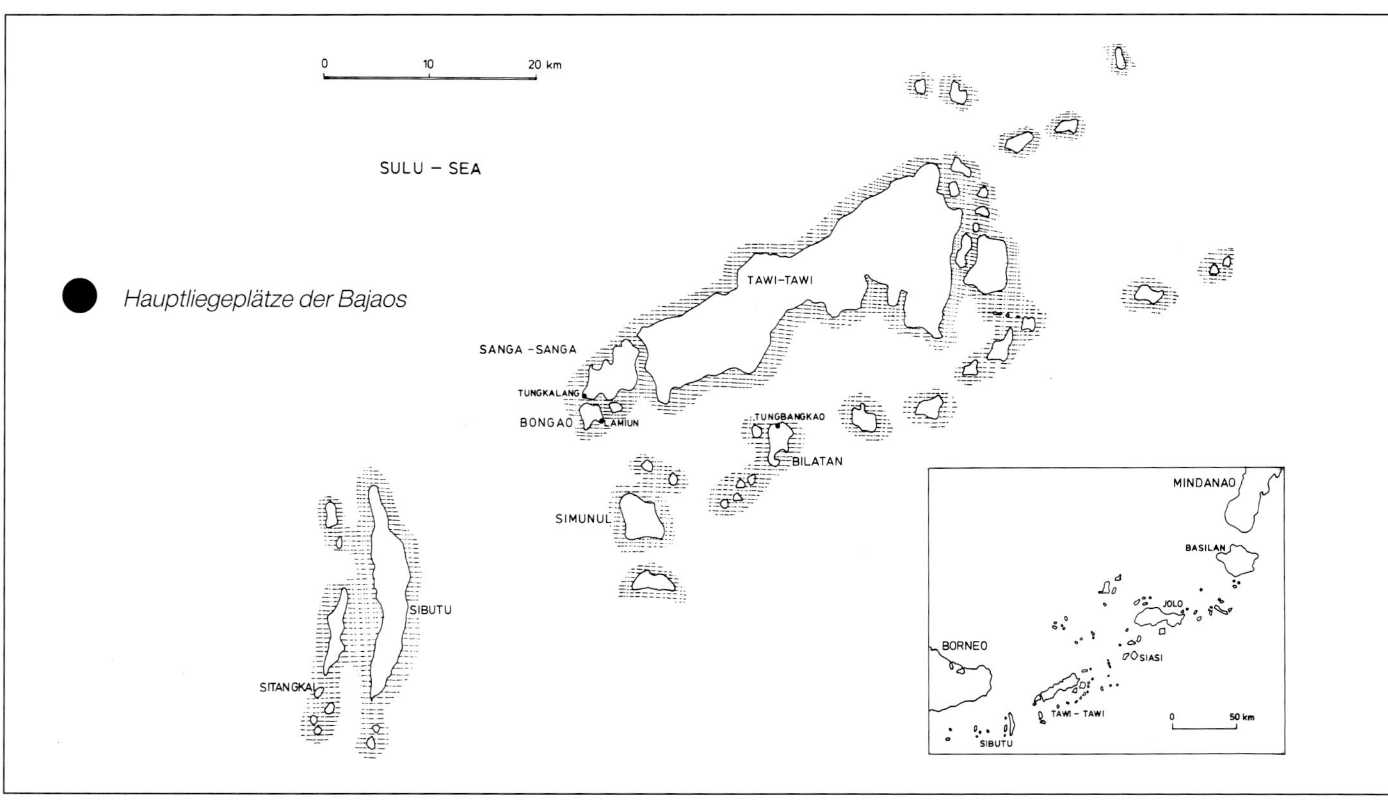

Geist der Ahnen sitzt in einer im Haus aufbewahrten Kiste, die sich äußerlich durch nichts von den anderen unterscheidet. Sind diese Geister einmal nicht anwesend, wenn man ihrer bedarf, können sie mit einem kleinen Opfer herbeigeholt werden. Auch werden die Häuser der Bajaos ohne Eisennägel gebaut, da sich die Ahnen daran stoßen könnten. Daß das Wasser immer noch das Element der Seezigeuner ist, sieht man daran, daß sie bei Orkanen ihr Haus verlassen und im Boot Zuflucht suchen.

## Sitangkai

Eine der westlichen Inseln des Sulu-Archipels ist Sibutu, die bis Anfang des 20. Jahrhunderts ausschließlich von Samal bewohnt war. Weder spanische Kolonialisten noch Amerikaner sind bis zu diesen Inseln vorgedrungen, so daß ihre Bewohner unberührt von den Strömungen westlicher Zivilisation leben konnten. 10 km vor Sibutu liegt die winzige Insel Sitangkai, auf der die Bajaos seit Generationen ihre Toten bestattet haben. Um 1900 siedelte sich hier ein chinesischer Händler aus Borneo an, um die Erzeugnisse der Fischer gegen Konsumgüter einzutauschen. Als 1905 erstmals amerikanische Verwalter vorbeikamen, bestand dieser neue Ort aus 25 Häusern und einer ansehnlichen Anzahl von Hausbooten. 1930 hatte sich Sitangkai zu einem Handelszentrum zwischen Borneo und den Philippinen entwickelt und besaß eine eigene Hafenanlage. Im Zweiten Weltkrieg wurde die Insel jedoch von allen Bajaos verlassen, sie zogen sich auf entlegenere Inseln zurück. Auch die chinesischen Händler mußten flüchten oder wurden von japanischen Besatzungssoldaten getötet.

Erst 1946 kehrten Bajaos und Chinesen wieder zurück. Der Häuptling der Bajaos, Alari, errichtete das erste Haus, jedoch 500 m vor der kleinen Insel Sitangkai. Es war ein eindrucksvolles Haus, zweigeschossig und reichlich verziert. In kurzer Zeit gab es viele ähnliche Großhäuser, auch eine Moschee wurde erbaut. Der Tradition der engen Familienbande folgend, lebten in diesen Großhäusern mehrere Verwandte, wie schon am Ankerplatz, in einer Gemeinschaft zusammen, wodurch das Haus auch während der langen Fischereizüge nie leerstand. Zur Zeit geht der Trend allerdings zum Kleinhaus.

Heute leben in Sitangkai ca. 5000 Menschen. Die Stadt ist ausschließlich auf einem Riff erbaut. Jedes Haus steht auf Pfählen im seichten Wasser der Lagune. Das Zentrum des Orts hat sich noch weiter aufs Meer verlagert, um auch bei Ebbe und Niedrigwasser einen befahrbaren Kanal zu haben. Dieser wurde seitlich mit Wällen aus Korallensand befestigt, die einzig massive Struktur im Ort. Die Verbindungswege bestehen ausschließlich aus Brücken, die von einer Hausgruppe zur anderen führen. Das größte Problem ist sicherlich die Versorgung mit Trinkwasser. Händler fangen in großen Tanks das Regenwasser auf und verkaufen es später teuer. Der ehemals einträgliche Fischhandel ist dem Schmuggel von und nach Borneo gewichen, auch ist dieser romantische Ort heute Stützpunkt von Piraten, die mit ihren Motorbooten die Sulu- und Celebes-See verunsichern.

*Literatur:*
*Nimmo, Arlo: The Seapeople of Sulu. Chandler Publication Comp. San Francisco, Toronto, London 1972*
*Tichy, Herbert: Tau - Tau. Verlag Fritz Molden Wien 1973*

Zentraler Kanal

großes Wohnhaus

# Die Gemeinschaftshäuser der Hakka in Yongding

Chinas Geschichte ist geprägt von inneren Machtkämpfen und Bürgerkriegen. Es ist daher nicht verwunderlich, wenn es immer wieder zu großen Bevölkerungsbewegungen kam. Zur Zeit der westlichen Jin-Dynastie (265–316) kam es in der Provinz Shandong am Mittellauf des Gelben Flusses zu zahlreichen Bürgerkriegen. Weite Landstriche wurden verwüstet, Tausende starben und es herrschte permanente Hungersnot. Als es dann auch noch zu einer gleichzeitigen Bedrohung durch Barbaren aus dem Norden kam, verließ oft die Bevölkerung eines ganzen Dorfes ihre Heimat und zog nach Süden. Sie siedelten hauptsächlich in den Küstengebieten der Provinzen Guangdong, Guangxi und Fujian, galten als besonders ehrlich und geschickt und wurden von der lokalen Bevölkerung als »Hakka«, Gäste, bezeichnet.

In der Provinz Fujian, einer von der Küste her ansteigenden Bergregion, errichteten sie anfänglich nur Stroh- oder Bambushütten. Als sie durch Tabakanbau erstmals zu bescheidenem Wohlstand kamen, waren sie erneut den Angriffen von Räubern und Banditen ausgesetzt. Die in Streusiedlungen lebenden Hakka waren gezwungen, Gemeinschaftswohnhäuser zur besseren Verteidigung zu errichten.

Eine wichtige Eigenschaft der Hakka-Häuser ist ihre sorgfältige Ausführung. Zu Beginn dominierten einfache Bauten, zwei- bis dreigeschossig, aber immer mit Stallungen und Lagern ausgestattet und mit einem Ahnenschrein im Zentrum. Schon von den ersten Gemeinschaftshäusern gab es rechteckige und runde Typen. Vom Aufbau her folgten sie aber den gleichen Prinzipien: eine massive Lehmmauer, der innen eine leichte Holzkonstruktion angesetzt wird, nahezu völlige Abgeschlossenheit nach außen, im Erdgeschoß Küche und Eßzimmer, darüber Lager und dann erst die Schlafzimmer. Während die rechteckigen Häuser im Laufe ihrer Entwicklung manchmal zu abgeschlossenen, in sich gegliederten Ortschaften wuchsen, war eine Erweiterung der runden nur durch eine Maßstabsvergrößerung möglich.

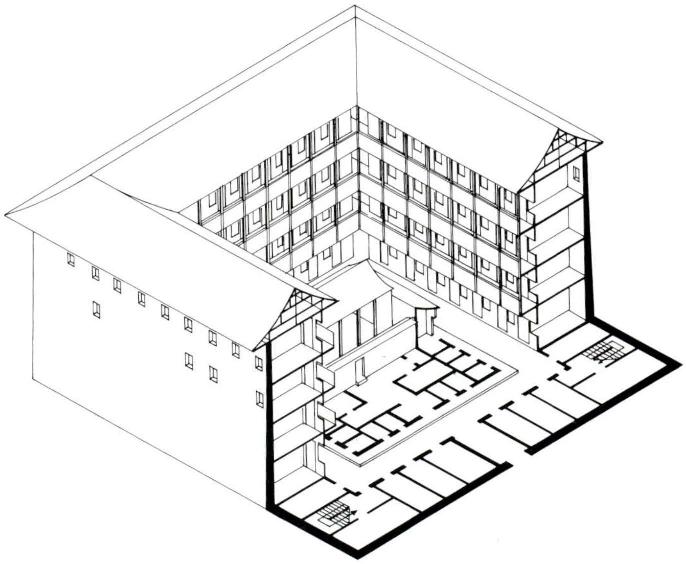

*Rechteckiger Wohnbau der Hakka, Kreis Yongding*

*Landschaft bei Yongding*

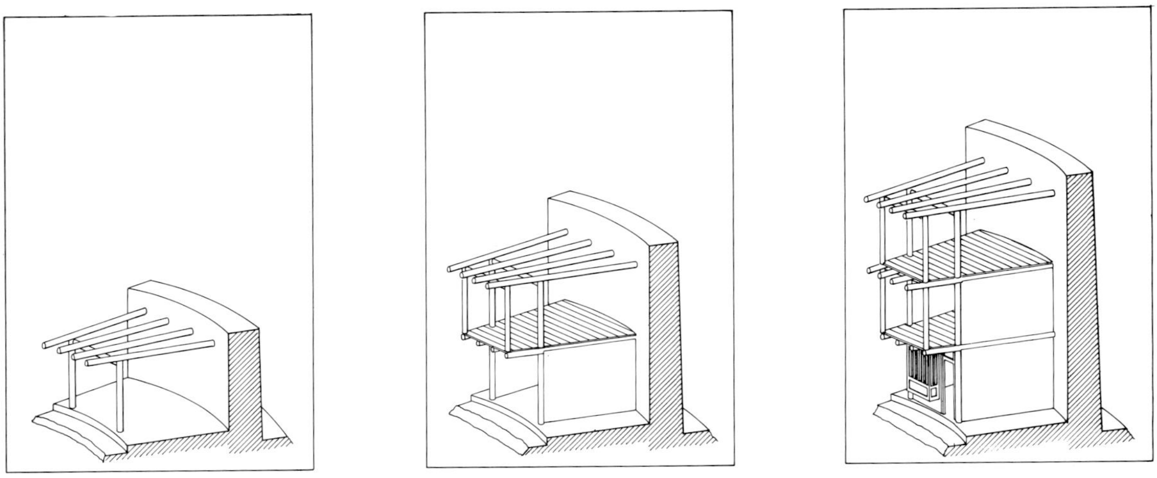

*Konstruktionsschema der Rundbauten, Kreis Yongding*

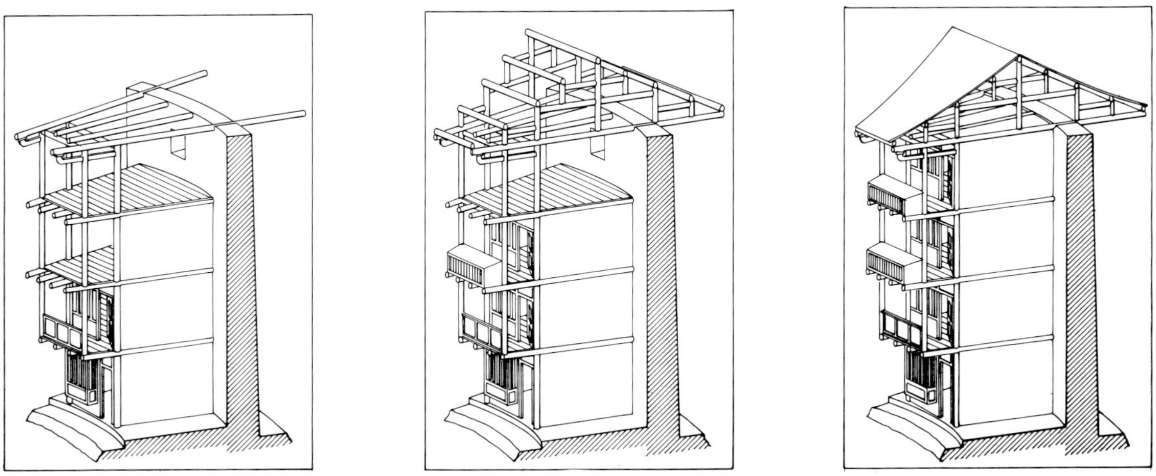

Das Zentrum der südchinesischen Tabakproduktion, der Kreis Yongding in der Provinz Fujian, ist heute die Region mit den eindrucksvollsten Rundbauten. Das größte noch erhaltene Rundhaus ist das um 1680 errichtete Chengqilou in der Gemeinde Guzhu. Es handelt sich hier um ein viergeschossiges Gebäude mit einem Durchmesser von 65 m. Der äußere Ring ist 14 m hoch, aus gestampftem Lehm und an seiner Basis 1,5 m dick. Fensteröffnungen gibt es erst ab dem dritten Stockwerk. Ursprünglich waren die drei Eingänge durch Metalltore gesichert, die im Fall einer Brandlegung durch Räuber von innen durch Einfüllen von Wasser in dafür vorgesehene Hohlräume gekühlt und somit vor einem Aufschmelzen bewahrt werden konnten. Erschlossen wird das Haus über vier symmetrisch angelegte Stiegenhäuser, die auf einen Balkon münden, von dem aus man die einzelnen Zellen erreicht. Dieser Balkon ist aber nicht nur Erschließung, sondern dient auch als Lagerraum und zur Aufzucht von Hühnern, die in über das Geländer hinausragenden Käfigen gehalten werden. Allein in diesem Außenring, der abgesehen von der Lehmmauer eine reine Holzriegelkonstruktion hat, befinden sich insgesamt 244 Zimmer. Die fensterlosen Räume des ersten Obergeschosses dienen ausschließlich der Einlagerung von Getreide und anderen Nahrungsmitteln. Erst die Räume des zweiten und dritten Geschosses werden als Schlafzimmer benutzt. Dieser höchste Gebäudeteil wird vom nächst kleinere durch einen Umgang und einen Entwässerungskanal getrennt. Der weiter innen liegende Ring ist zweigeschossig und beherbergt 70 Räume und mehrere kleine Schweineställe, die zum Kanal hin geöffnet sind. Zwischen diesen Räumen gibt es überdachte Brunnen. Der innerste Ring besteht vorwiegend aus Speichern und Stallungen für Großvieh. Der ehemalige Ahnenschrein im Zentrum, der aus einem kleinen Hof, einer Halle und zwei Seitenzimmern besteht, wird heute als Werkstatt genutzt. In der Achse des Eingangs findet sich aber immer noch ein kleiner Hausaltar, auf dem neben den roten Spruchbändern die Räucherstäbe glimmen. Die sanitären Anlagen sind nicht in den Wohnbereich eingegliedert, sie befinden sich vielmehr in einem freistehenden Gebäude außerhalb des Hauses.

Der gesamte Bau hat eine Grundfläche von 3250 $m^2$ und bietet 500 Menschen, das entspricht 90 Familien, in 280 Zimmern Platz. Die Zimmer werden nach Bedarf vergeben, eine Familie besitzt über das ganze Gebäude verteilt einzelne Wohnräume, man kann also nicht von Wohnungen im herkömmlichen Sinn sprechen. An den Enden der Balkons, jeweils über den Eingängen, wird die Balkonfläche zum Zimmer dazugenommen. Diese größeren Zimmer sind natürlich besonders begehrt. Die Umfassungsmauer wird durch vier Seitenwände ausgesteift, die allerdings nur bis zum ersten Stock reichen und darüber mit Holz weitergeführt werden. Wie bei allen Lehmbauten in feuchtem Klima schützt auch hier ein weit ausladendes Dach die Mauer vor direktem Regen.

Eine Besonderheit der Rundbauten von Yongding ist die Tatsache, daß die besterhaltenen unter staatlichem Denkmalschutz stehen, die Tradition aber noch so in der heutigen Bauweise verankert ist, daß man oft Neubauten, die nach dem gleichen Schema errichtet werden, sehen kann. Die heutigen Häuser sind meist kleiner, das Prinzip einer runden Lehmmauer mit einer angesetzten Holzkonstruktion scheint sich aber so bewährt zu haben, daß »moderne« Konstruktionen vorerst keinen Eingang gefunden haben.


*Literatur:*

*Boyd, Andrew: Chinese Architecture and Townplanning 1500 BC – AD 1911. London 1962. Seite 104 – 109*

*Knapp, Ronald: China's Traditional Rural Architecture, A Cultural Geography of the Common House. University of Hawaii Press, Honolulu 1986*

*Huang, Hanmin: Fujian minju de chuantong tese yu difang fengge (Traditioneller Charakter und lokaler Stil der Bauernhäuser in Fujian). Dissertation an der Qinghua Universität, Beijing 1984*

*Liu, Dunzhen: Zhongguo zhuzhai gaishuo. Einführung in den chinesischen Wohnbau. Beijing 1957*

*Rundbau*

*heutige Konstruktion*

# BEISPIELE

| | |
|---|---|
| Name: | Straßenbewohner |
| Standort: | Calcutta, Westbengalen, Indien |
| Topographische Lage: | Straße in der Stadt |
| Klima: | tropisch |
| Abmessungen | |
| Länge: | 12,0 m |
| Breite: | 3,4 m |
| Baumaterialien: | Bastmatten, Kartons, Fässer, Plastikfolie, Schnüre |
| Baualter: | wechselnd |
| Anzahl der Bewohner: | 5 |
| Legende: | 1 bei Tag<br>2 bei Nacht<br>3 Kochstelle |
| Bemerkungen: | Dieser kleine Platz an einer Hauswand im Zentrum Calcuttas ist Wohnstätte einer fünfköpfigen Familie. Sie muß dafür an einen »Organisator« eine wöchentliche Miete entrichten. Dafür ist ihnen dieser Platz über längere Zeit gesichert.<br>Tagsüber wird die Plastikfolie, die als Regenschutz dient, abgebaut und an der Wand verstaut. Ebenso werden alle Kartons und Matten weggeräumt. In einer Mauernische wird ein Feuer gemacht und gekocht, Wasser wird von einem nahe liegenden Hydranten geholt. Nachts wird zwischen einem Lichtmast, einem Zählerkasten und der Hauswand eine Plastikfolie gespannt, die gegen die tropischen Regengüsse schützen und ein Mindestmaß an Privatheit bieten soll. |

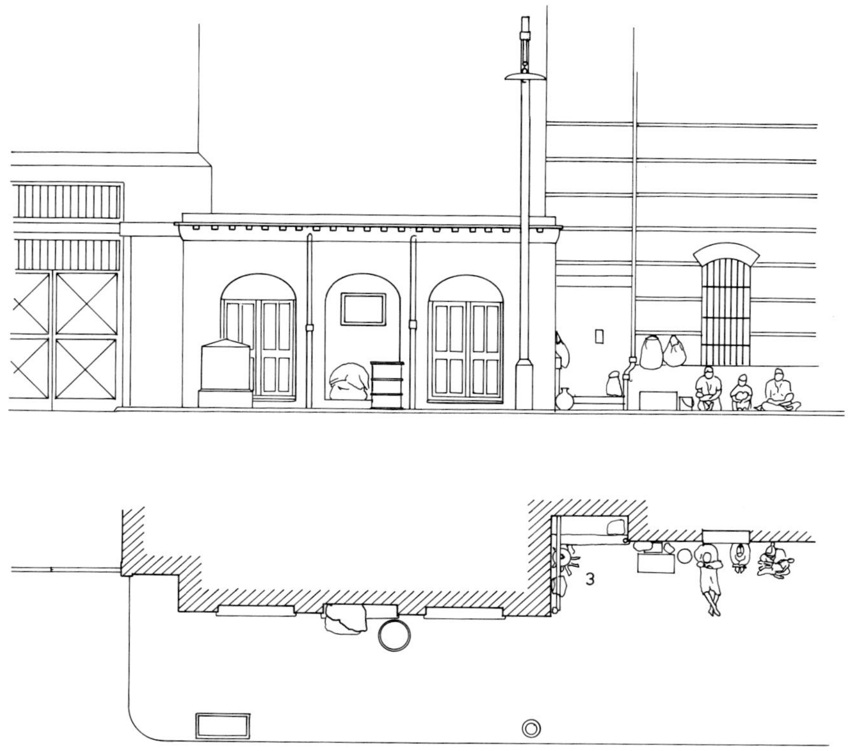


1

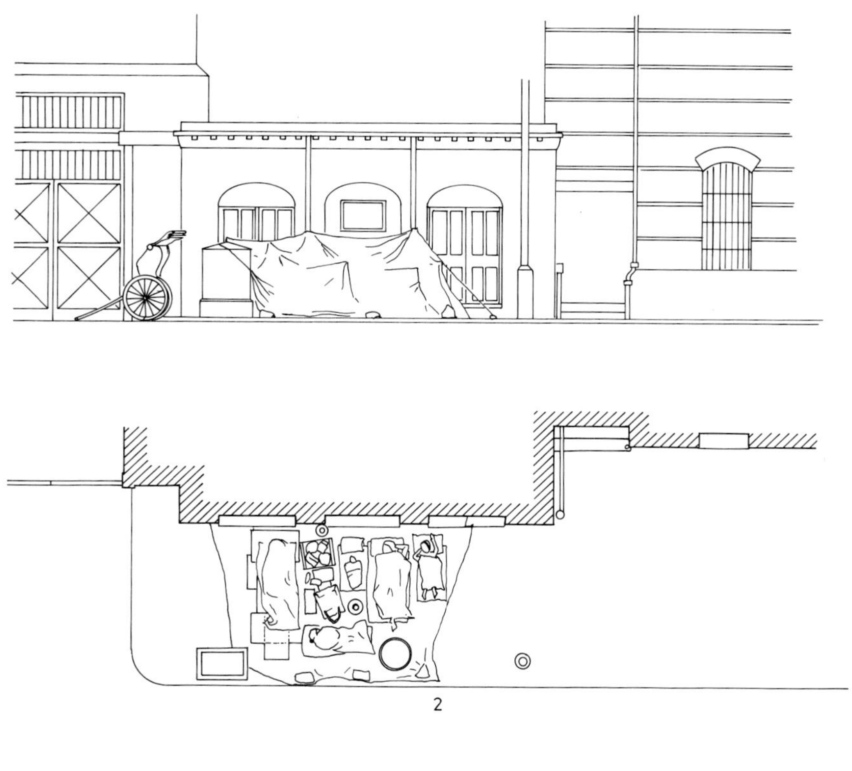

2

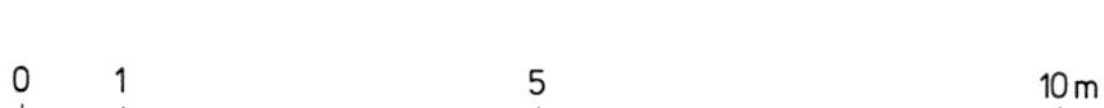

| | |
|---|---|
| Name: | Nomadensiedlung |
| Standort: | Siliguri, Westbengalen, Indien |
| Topographische Lage: | Flachland |
| Klima: | Savannenklima |
| Abmessungen des benutzten Platzes | |
| Länge: | 8,0 m |
| Breite: | 5,0 m |
| Höhe: | max. 1,6 m |
| Baumaterial: | Bambus, Textil, geflochtene Matten |
| Baualter: | wechselnd |
| Anzahl der Bewohner: | 8 |
| Bemerkungen: | Die als Sonnenschutz aufgestellten Schirme bieten keinerlei Sichtschutz oder Intimität. Alles Leben spielt sich im Freien ab, lediglich die Distanz zu stark frequentierten Stellen kann einigermaßen eine Abgrenzung zur Umwelt bieten. |

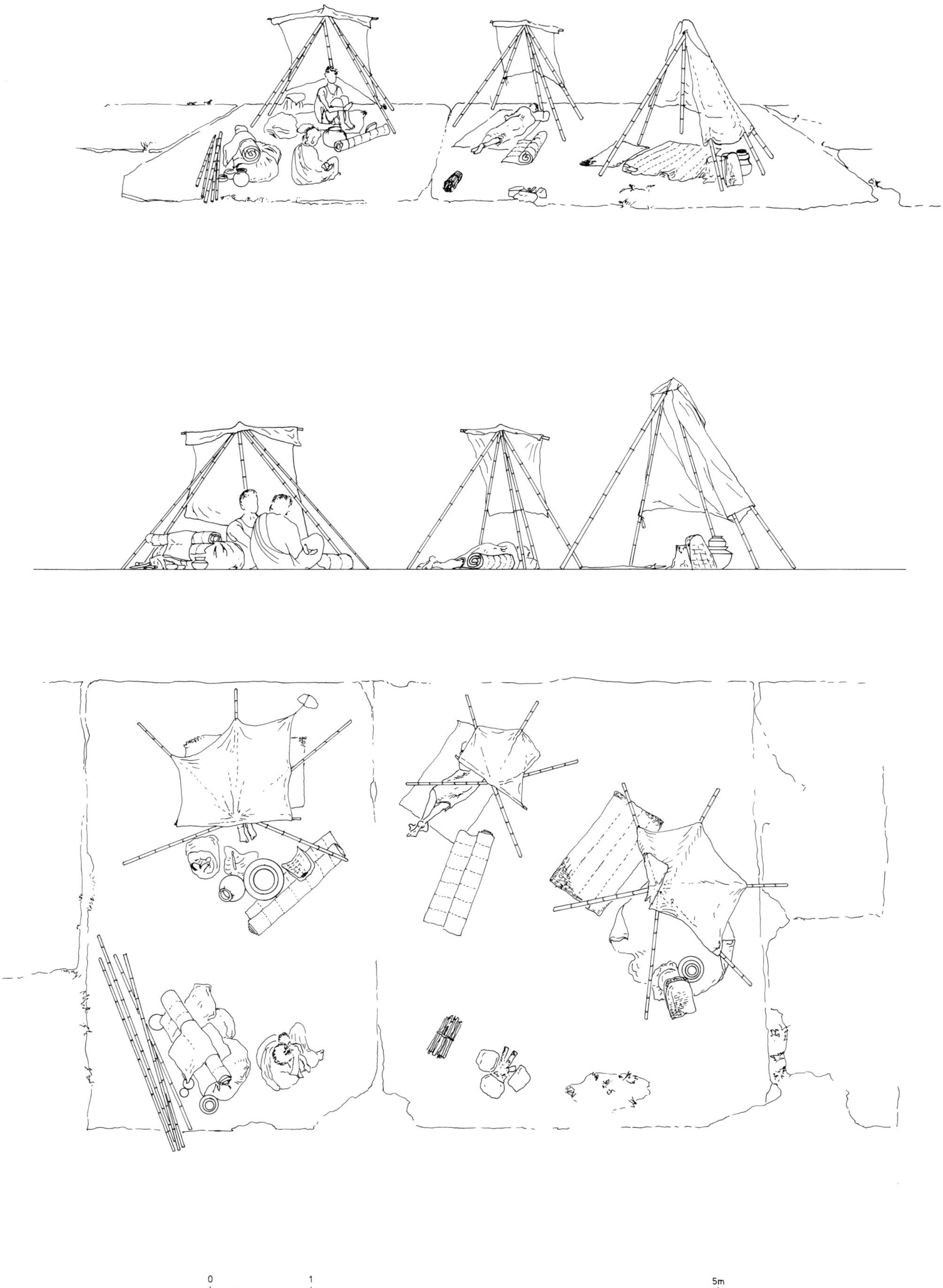
0
1
5m

| | |
|---|---|
| Name: | Yurte |
| Standort: | Tianchi, Autonome Region Xinjiang, VR China |
| Topographische Lage: | Gebirge |
| Klima: | kontinentales Bergklima |
| Abmessungen | |
| Durchmesser: | 4,20 m |
| Höhe: | 2,80 m |
| Baumaterial | |
| Wand: | Holzgeflecht, Filz |
| Dachkonstruktion: | Holzrippen |
| Dachdeckung: | Filz |
| Baualter: | 6 Jahre |
| Anzahl der Bewohner: | 5 |
| Bemerkungen: | In den Steppen und Bergen Zentralasiens findet man häufig Zelte nomadisierender Turkvölker. Diese im Norden Xinjiangs errichtete Yurte wird von Kasachen bewohnt, die im Sommer in den Bergen ihr Vieh weiden und im Winter an den Tianchi, den auf 1500 m gelegenen Himmelssee, kommen.<br>Im Zentrum der Yurte ist die Feuerstelle zum Warmhalten des Tees, über der das Dach zu einem Rauchabzug geöffnet werden kann. Gegenüber vom Eingang stand früher der Götterschrein, heute steht dort ein Tisch mit Familienfotos. Die linke Seite der in Nord-Süd-Richtung stehenden Yurte ist dem Mann, die rechte Seite der Frau vorbehalten. Am Eingang werden Lebensmittel und Brennmaterial gelagert. Gekocht wird auf einem offenen Feuer im Freien. |

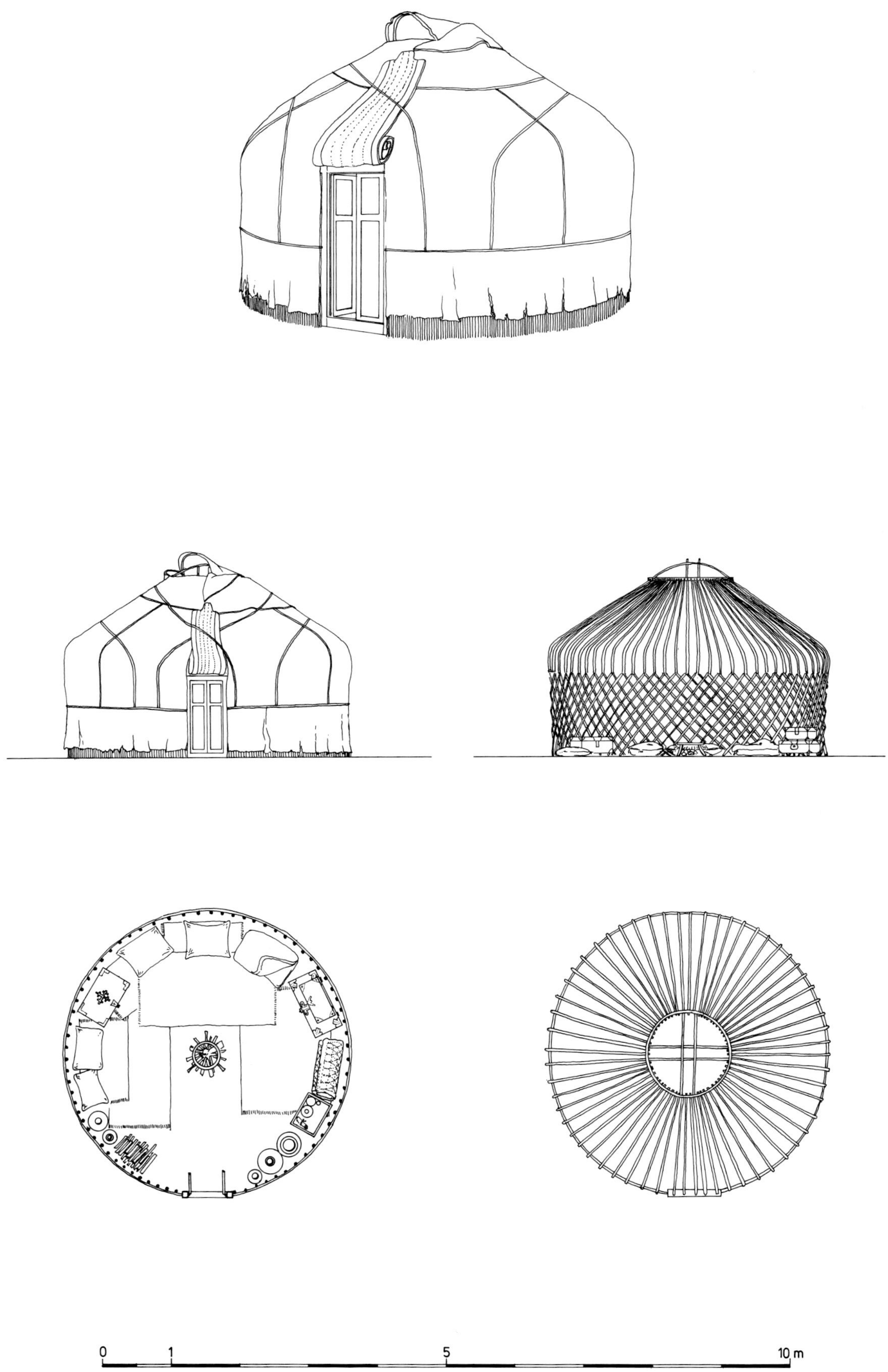
0
1
5
10 m

| | |
|---|---|
| Name: | Hausboot |
| Standort: | Sulu-Archipel, Philippinen |
| Topographische Lage: | Wasser |
| Klima: | tropisch |
| Abmessungen | |
| Länge: | 12,2 m |
| Breite: | 2,3 m (5,8 m Ausleger) |
| Höhe: | 1,7 m |
| Baumaterial | |
| Bootsrumpf: | Holz |
| Dachkonstruktion: | Latten |
| Dachdeckung: | Palmblätter |
| Baualter: | 11 Jahre |
| Anzahl der Bewohner: | 4 |
| Legende: | 1 Kochstelle<br>2 Schlafplatz |
| Bemerkungen: | Das Hausboot besteht an der Unterseite aus einem Einbaum, an diesen werden Planken angesetzt. Durch Holzbretter wird die Sitzfläche gebildet, darunter ergibt sich ein Stauraum. Der Mittelteil des Bootes ist überdacht, darunter wird gearbeitet und geschlafen. Im rückwärtigen Teil ist seitlich eine Kochstelle aus Lehm angebracht. Einzige Verzierungen sind die Schnitzereien am Bug und an den Seitenholmen. Die Fortbewegung erfolgt mit einer Stakstange, manchmal werden auch Behelfssegel aufgezogen. |

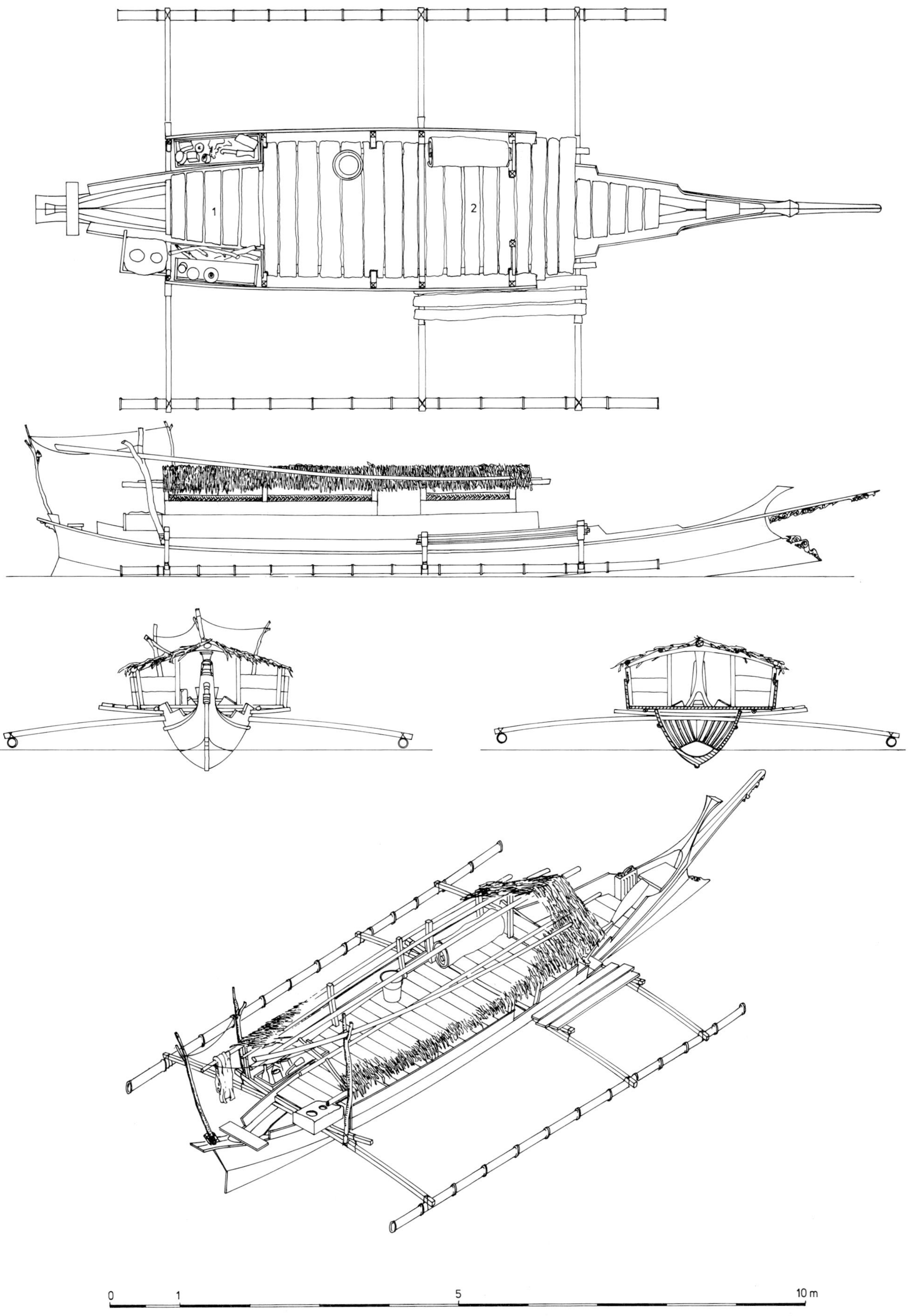
1
2
0
1
5
10 m

| | |
|---|---|
| Name: | Dschunke |
| Standort: | Northpoint, Hong Kong |
| Topographische Lage: | Wasser |
| Klima: | subtropisches Küstenklima |
| Abmessungen | |
| Länge: | 13,2 m |
| Breite: | 5,5 m |
| Höhe: | 7,1 m |
| Baumaterial: | Holz, Eisen, Bambus |
| Baualter: | 22 Jahre |
| Anzahl der Bewohner: | 10 |
| Legende: | 1 Aufenthalts- und Schlafraum<br>2 Vorderdeck mit Küche<br>3 Schlafkojen<br>4 Klosett |
| Bemerkungen: | Ca. 20000 Menschen leben in Hong Kong auf Dschunken. Meist werden diese traditionellen Boote aus China eingeführt oder in Hong Konger Werften gebaut. Sie dienen ihren Besitzern und deren Familien über Jahrzehnte als einzige Unterkunft. Obwohl die Regierung den Dschunkenbewohnern Sozialwohnungen angeboten hat, wollen diese ihre Boote, die sie nahe des Stadtzentrums liegen haben, nicht verlassen. In windgeschützten Buchten haben sich regelrechte Bootsstädte entwickelt. Die Lebensdauer einer Dschunke liegt bei 30 Jahren, die Anschaffungskosten betragen ca. 100 000 HK $ (25 000 DM).<br>Dieses Boot ist mit 10 Personen auf 32 $m^2$ Wohnfläche restlos überbelegt, es sind aber fast nie alle Bewohner gleichzeitig an Bord. Einige Dschunken sind mit kleinen Innenbordmotoren ausgerüstet, die meisten müssen aber gezogen werden. |

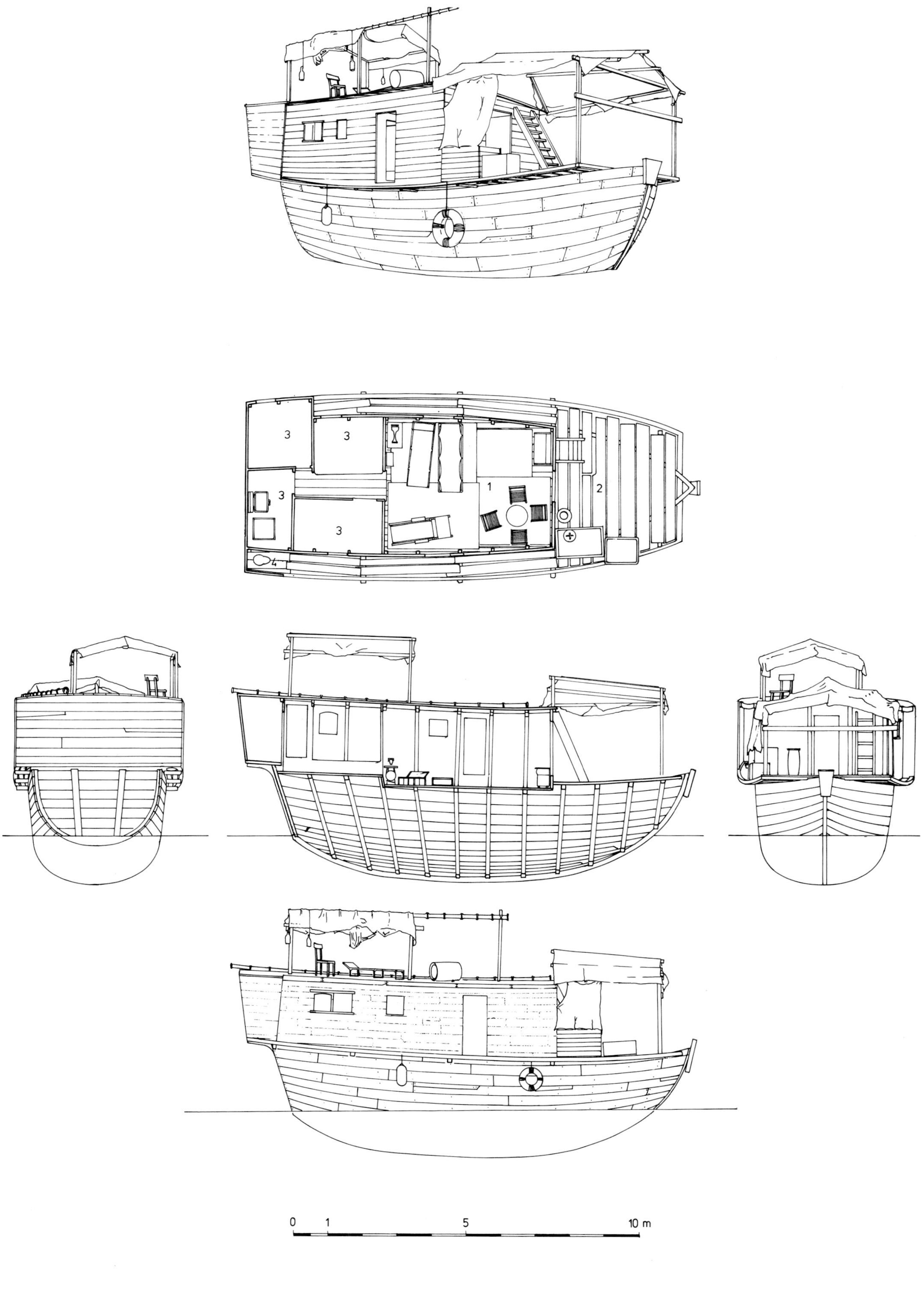
3
3
3
3
1
2
4
0 1 5 10 m

| | |
|---|---|
| Name: | Eingeborenenhütte |
| Standort: | Ringlet, Cameron Highlands, Malaysia |
| Topographische Lage: | Bergland |
| Klima: | tropisch |
| Abmessungen | |
| Länge: | 8,0 m |
| Breite: | 4,0 m |
| Höhe: | 4,0 m |
| Baumaterial | |
| Wände: | Bambusspleißen |
| Dachkonstruktion: | Pfetten (Bambus) |
| Dachdeckung: | Palmblätter |
| Baualter: | wenige Jahre |
| Anzahl der Bewohner: | 5 |
| Bemerkungen: | Trotz seiner relativ hohen wirtschaftlichen Entwicklung leben in den Bergen Malaysias völlig zurückgezogen Reste der Urbevölkerung, »orang asli« genannt. Sie betreiben Brandrodung und haben praktisch keinen Kontakt zur Außenwelt.<br>Ihre Hütten sind ausschließlich aus Material der Umgebung gebaut: Bambus, Holz und Palmblätter. Da es in dieser Region sehr feucht ist, bietet der durchlässige Boden optimale Luftzirkulation, ebenso die offenen Giebel.<br>Der eingezogene Eingang bildet zwei Nischen, die als Schlafplatz genutzt werden. Seitlich gibt es eine Art Hinterausgang, über eine durch Holzplanken gebildete offene Fläche kommt man in einen weiteren Raum, der auch zum Schlafen genutzt wird. Unter der Hütte wird Brennmaterial gelagert. |

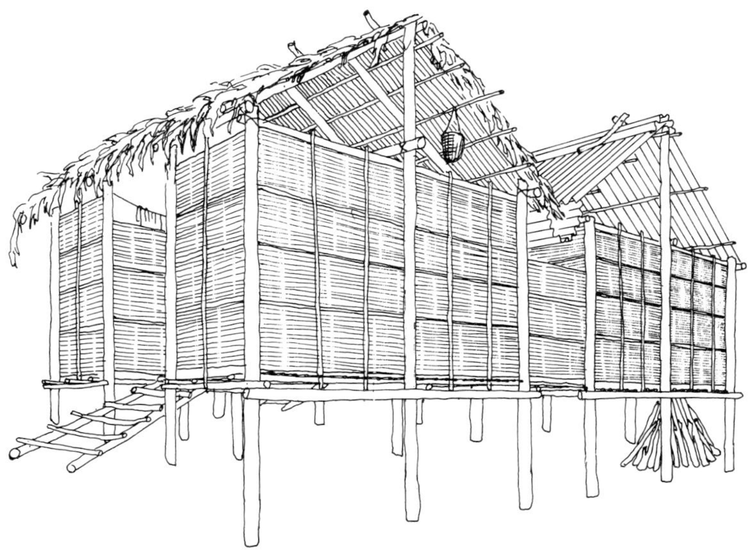

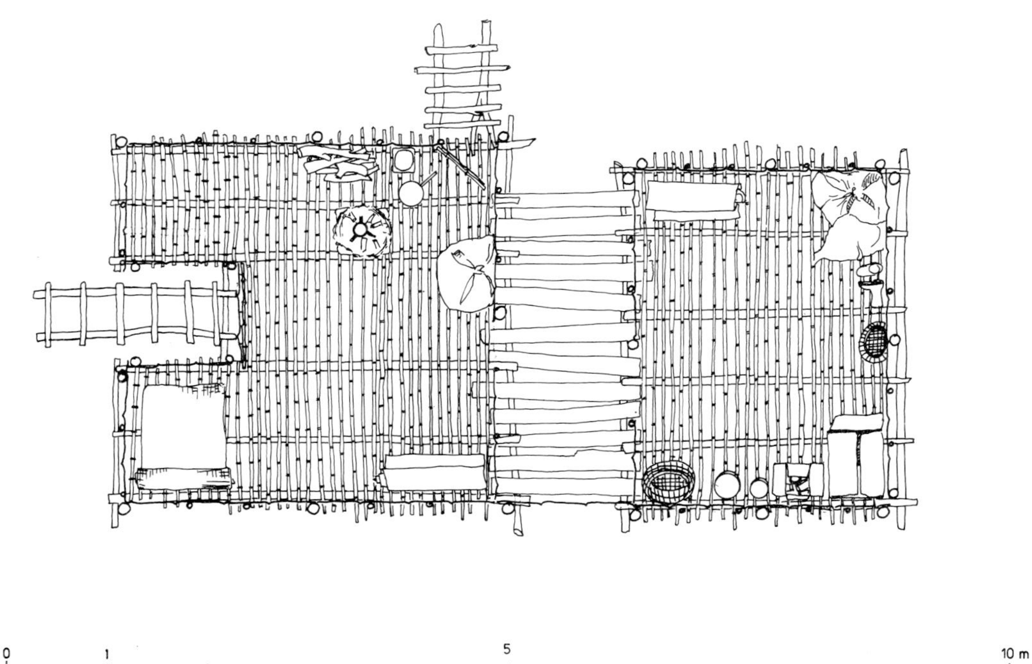
0
1
5
10 m

| | |
|---|---|
| Name: | Bambushütte |
| Standort: | Zamboanga, Philippinen |
| Topographische Lage: | Küste |
| Klima: | tropisch |
| Abmessungen | |
| Länge: | 10,0 m |
| Breite: | 5,6 m |
| Höhe: | 6,0 m |
| Baumaterial | |
| Wände: | Bambusspleißen |
| Dachkonstruktion: | Bambus, Holz |
| Dachdeckung: | Palmblätter |
| Baualter: | 1 Jahr |
| Anzahl der Bewohner: | 4 |
| Legende: | 1 Küche<br>2 Veranda<br>3 Zimmer |
| Bemerkungen: | Immer mehr Seezigeuner des Sulu-Archipels verlassen ihre Boote und bauen sich direkt in der Brandung kleine Pfahlbauten. Diese sind in ihrer Organisation den Booten sehr ähnlich: Kochstelle außerhalb des Hauses an der der Strömung abgewandten Seite, ein halbprivater Raum und ein Schlafzimmer. Die Toilette ist in einer kleinen Hütte weiter im Meer, die über einen Steg erschlossen wird. |

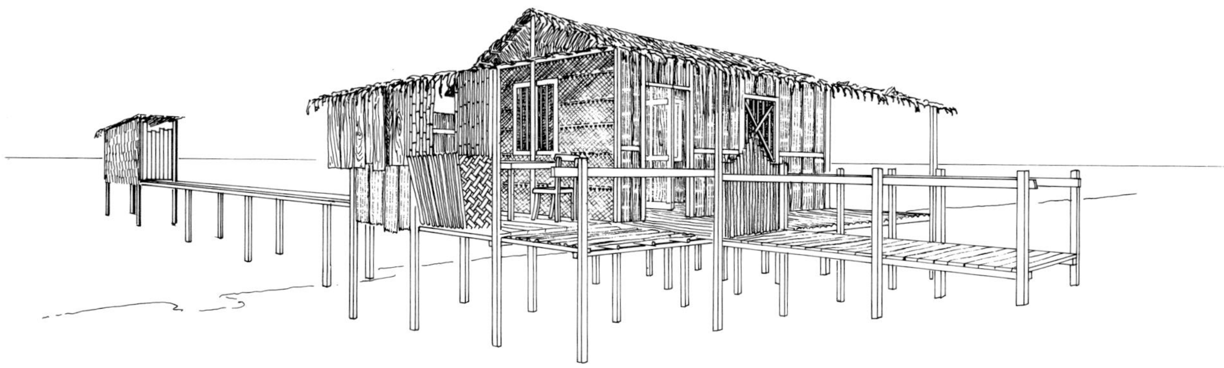

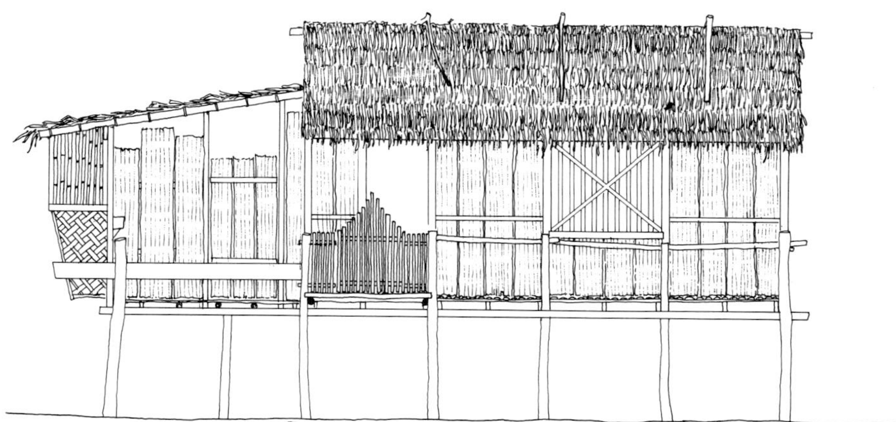

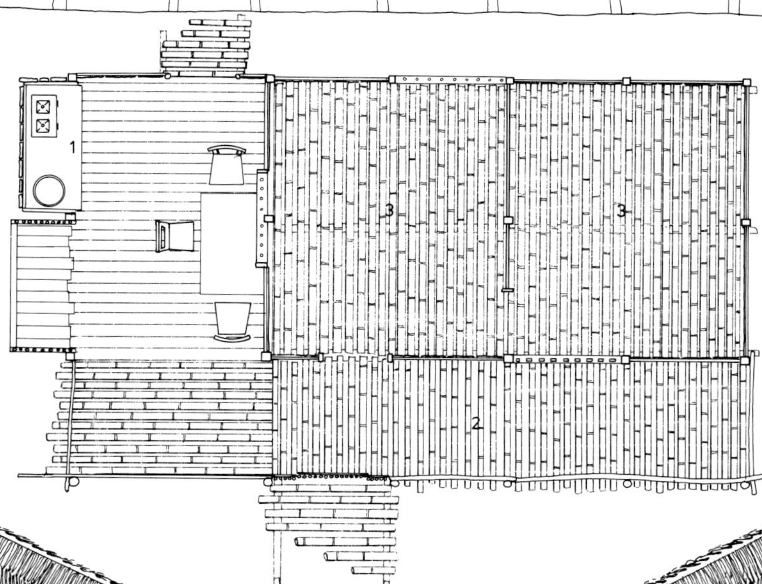
1
3
3
2

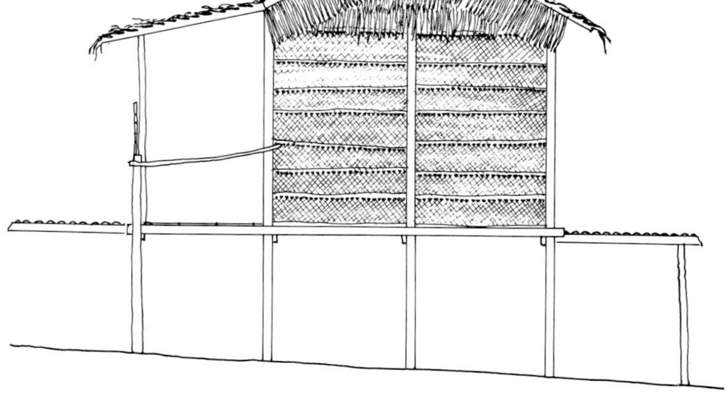


0
1
5
10 m

| | |
|---|---|
| Name: | Squatterhütte |
| Standort: | Manila, Philippinen |
| Topographische Lage: | Hügelland |
| Klima: | tropisch |
| Abmessungen | |
| Länge: | 4,0 m |
| Breite: | 3,5 m |
| Höhe: | 4,0 m |
| Baumaterial | |
| Mauern: | Holz |
| Zwischenmauern: | Holz, Blech, Karton |
| Dachkonstruktion: | Latten |
| Dachdeckung: | Wellblech |
| Baualter: | 3 Jahre |
| Anzahl der Bewohner: | 5 |
| Legende: | 1 Untergeschoß<br>2 Obergeschoß<br>3 Kochstelle<br>4 Waschtisch |
| Bemerkungen: | Entgegen des ersten Eindrucks bietet diese Hütte ihren Bewohnern doch ein Mindestmaß an Komfort: zwei separate Zimmer, ein abgeschlossener Waschplatz, eine Kochstelle und sogar ein Hühnergehege. Sie liegt in einem ca. 3 ha großen Squattergebiet, das von der Stadt mit Wasser und Strom versorgt wurde. Für ca. 25 Hütten, in denen ca. 150 Menschen leben, gibt es 2 Wasseranschlüsse und 4 Toiletten. Da den Bewohnern das Recht auf Benutzung dieser Fläche zugesagt wurde, haben sich einige Hütten in ihrer Qualität stark verbessert: die Einrichtung ist dauerhafter, die Fenster werden mit Blumen geschmückt und am Haus selbst werden Verbesserungen durchgeführt. |

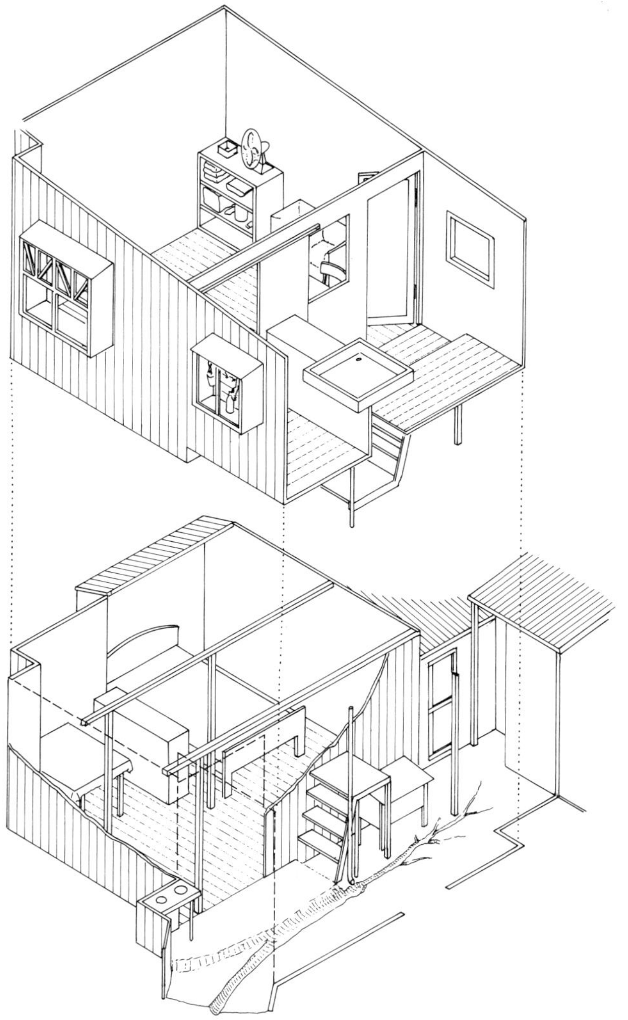

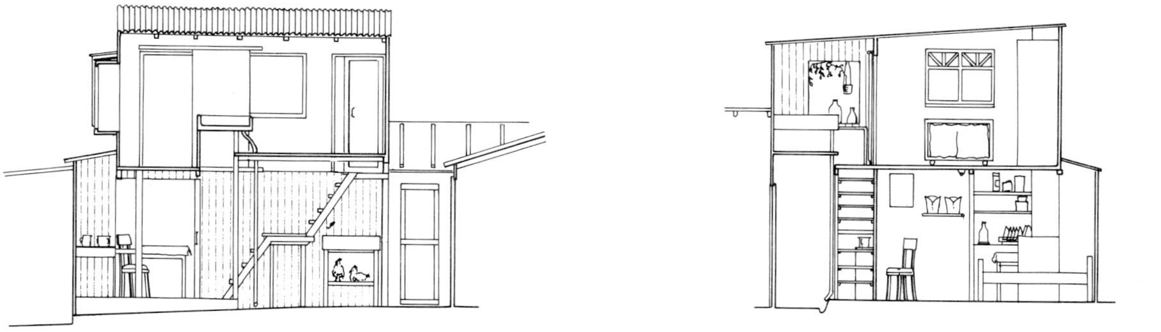

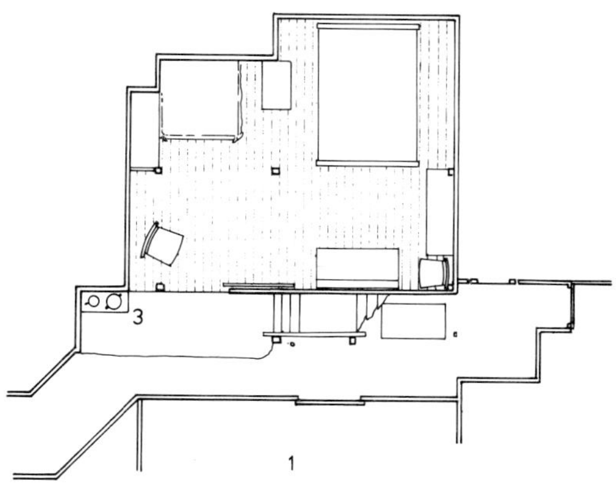


1

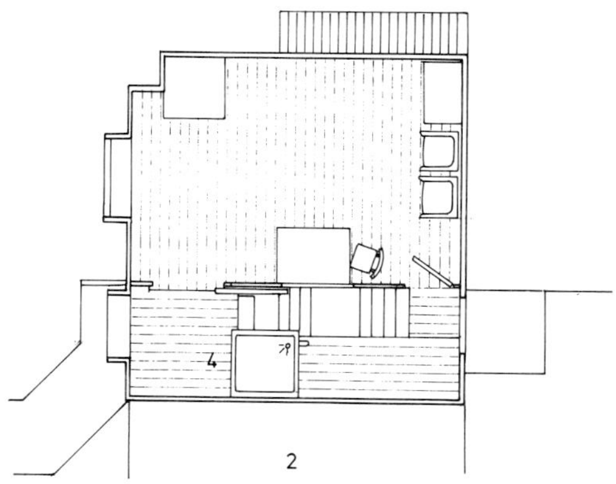


2

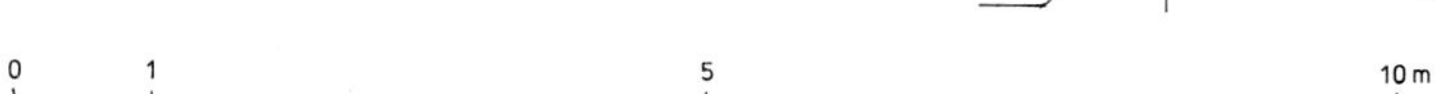

| | |
|---|---|
| Name: | Fischerhütte |
| Standort: | Macao |
| Topographische Lage: | Küste |
| Klima: | subtropisches Küstenklima |
| Abmessungen | |
| Länge: | 11 m |
| Breite: | 13 m |
| Höhe: | 9 m |
| Baumaterial | |
| Fundamente: | Holz |
| Mauern: | Holz, Blech |
| Zwischenmauern: | Holz |
| Dachkonstruktion: | Holz |
| Dachdeckung: | Blech, Teerpappe |
| Baualter: | 12 Jahre |
| Anzahl der Bewohner: | 7 |
| Legende: | 1 Zimmer |
| | 2 Küche |
| | 3 Klosett |
| Bemerkungen: | Entlang der Uferpromenaden und Küstenstraßen der asiatischen Städte trifft man häufig auf Fischerhütten, die auf Pfählen im flachen Wasser stehen. Ursprünglich war hier vielleicht nur der Steg vorhanden, auf dem man das Netz erreichen konnte. Dieser wurde aber später mit einer Hütte für das Material versehen und entwickelte sich langsam zu einer dauernd bewohnbaren Hütte. |

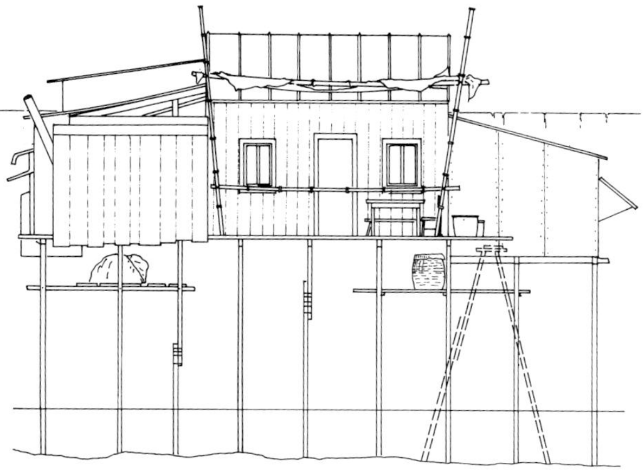

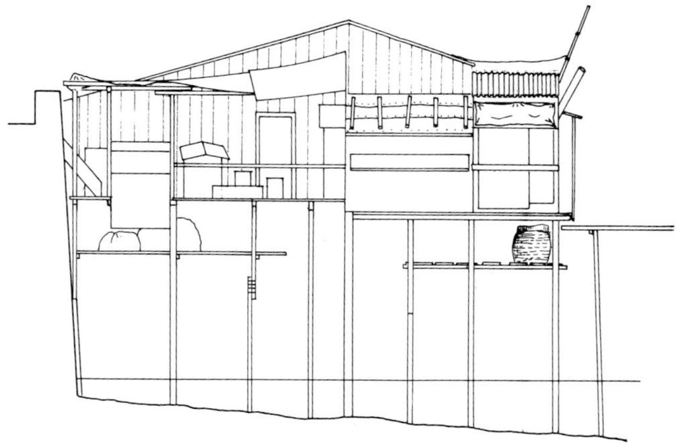

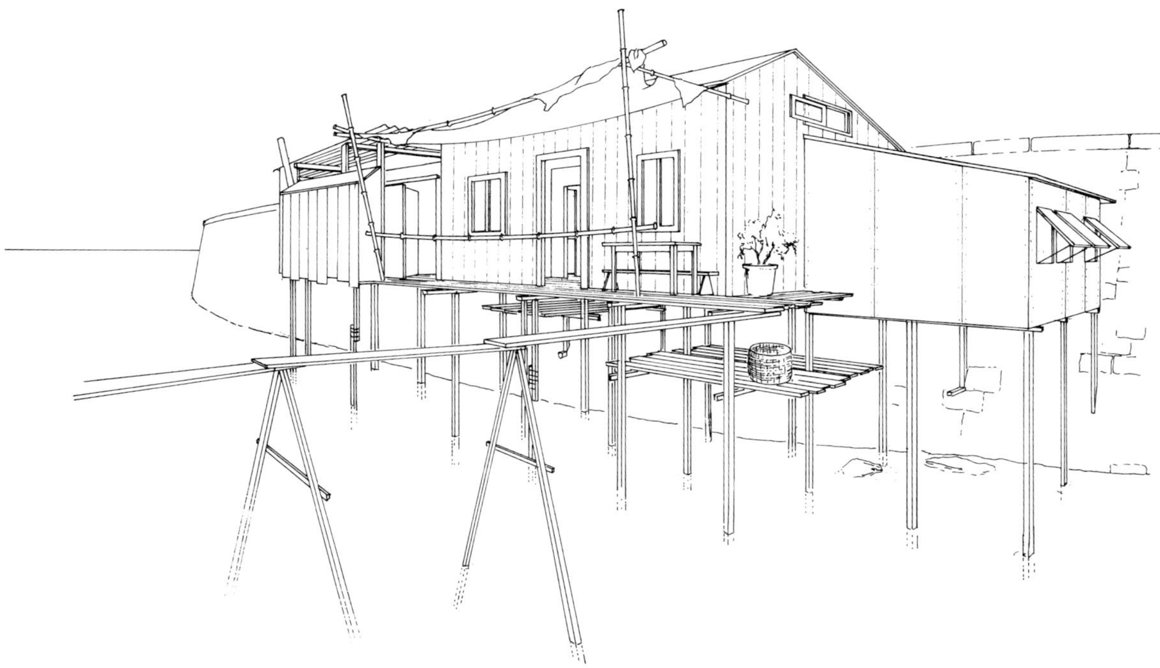

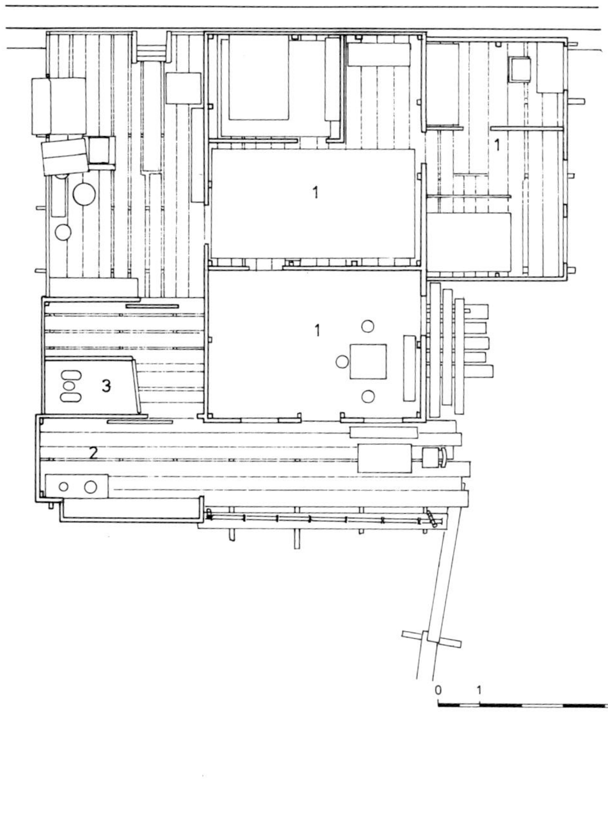


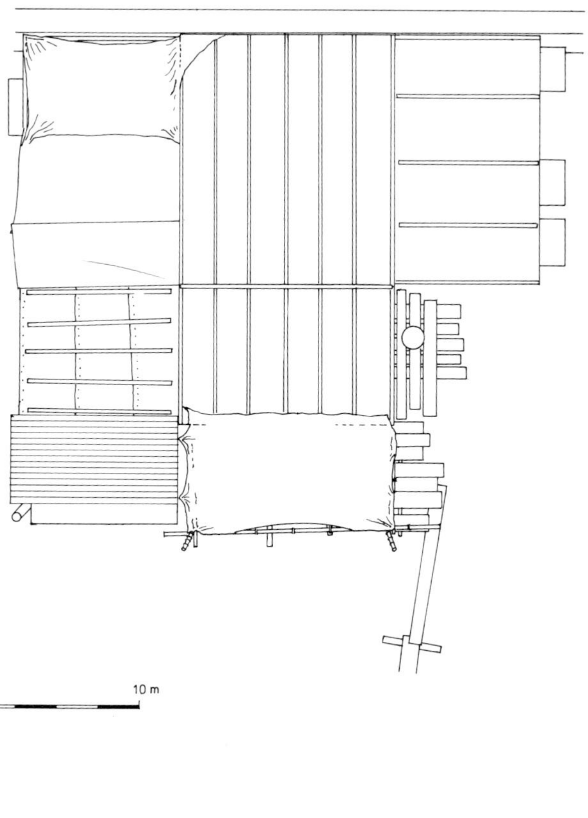

0 1 5 10 m

| | |
|---|---|
| Name: | Landhaus |
| Standort: | Toba, Sumatra, Indonesien |
| Topographische Lage: | Hügelland |
| Klima: | tropisch |
| Abmessungen | |
| Länge: | 14,5 m |
| Breite: | 7,8 m |
| Höhe: | 13,2 m |
| Baumaterial | |
| Fundamente: | Stein |
| Mauern: | Holz |
| Dachkonstruktion: | Bambus |
| Dachdeckung: | Palmblätter |
| Baualter: | 40 Jahre |
| Anzahl der Bewohner: | 5 |
| Legende: | 1 Wohnraum<br>2 Galerie |
| Bemerkungen: | Indonesien ist besonders reich an verschiedensten Bauformen. Dieses Haus im Norden Sumatras ist ein schönes Beispiel der Architektur der Batak, deren verschiedene Stämme sehr unterschiedlich bauen. Ihre Häuser stehen meist in Gruppen um einen Platz. Der Eingang befindet sich entweder vorne oder, bei größeren, unter dem Haus. Innen bestehen sie aus einem einzigen Raum, in den zwei Galerien ragen. Das Dach ist offen, um die nötige Luftzirkulation zu erzielen. Der riesige Giebel ragt weit über das Haus hinaus und wird durch eine reich verzierte Giebelwand vom Wohnraum getrennt.<br>Gekocht wird im Wohnraum, der Rauch kann leicht durch den Giebel abziehen. Toiletten sind nicht vorhanden, da diese Häuser in freiem Feld stehen, wird die Notdurft in der Umgebung verrichtet. |

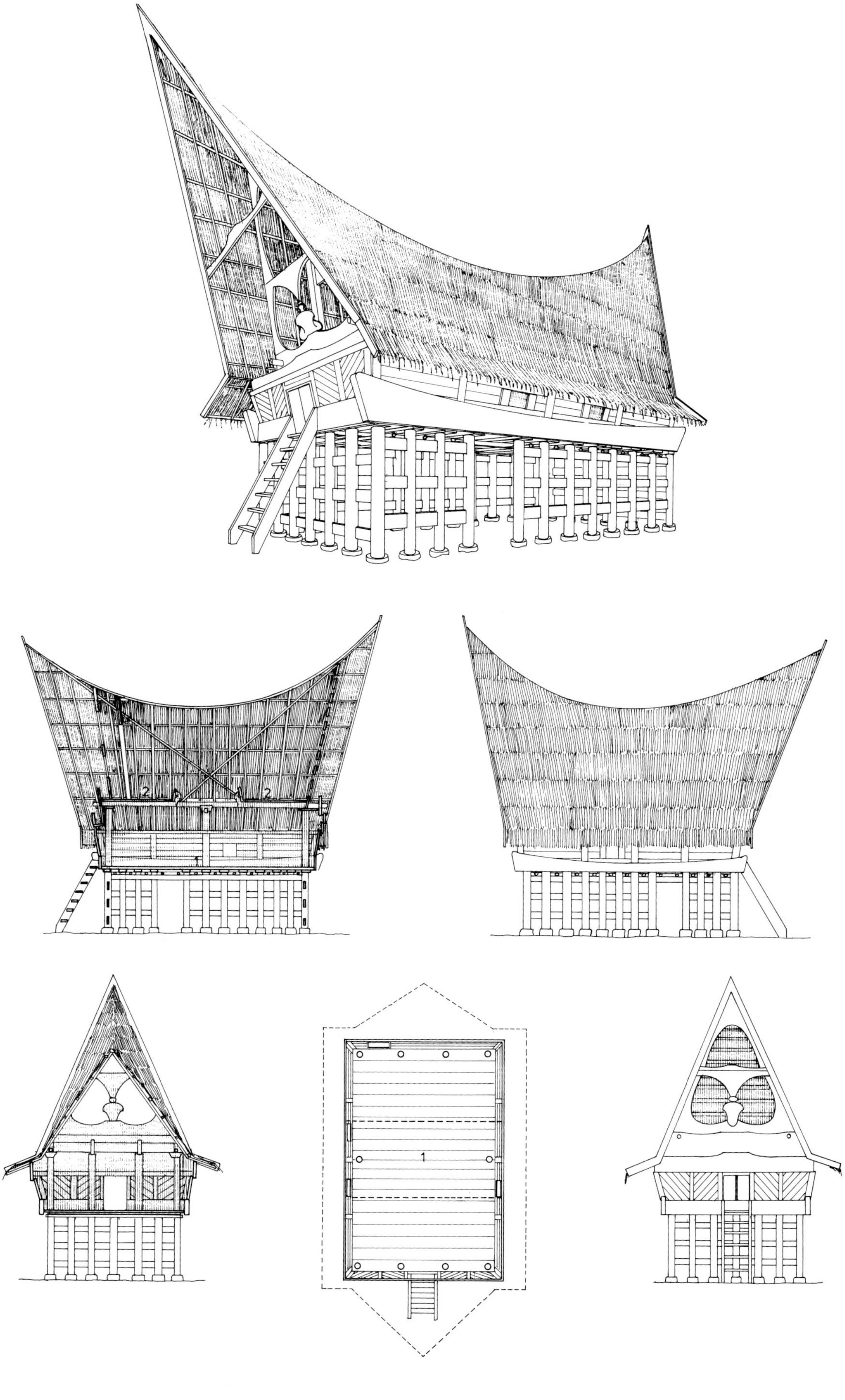
2
2
1
1
0 1 5 10m

| | |
|---|---|
| Name: | Wohnhaus |
| Standort: | Botohili, Nias, Sumatra, Indonesien |
| Topographische Lage: | Hügelland |
| Klima: | tropisch |
| Abmessungen | |
| Länge: | 14,5 m |
| Breite: | 3,9 m |
| Höhe: | 14,0 m |
| Baumaterial | |
| Fundamente: | Stein |
| Mauern: | Holz |
| Zwischenmauern: | Holz |
| Dachkonstruktion: | Bambus |
| Dachdeckung: | Palmblätter |
| Baualter: | 55 Jahre |
| Anzahl der Bewohner: | 5 |
| Legende: | 1 Wohnraum<br>2 Gästeschlafplatz<br>3 Kochstelle<br>4 Schlafplatz |
| Bemerkungen: | Die Dörfer im Süden Nias' sind reine Angerdörfer. Sie haben einen zentralen Dorfplatz, der zu beiden Seiten von einer durchgehenden Häuserzeile begrenzt wird. Diese Hausform entspricht dem eines Langhauses, eine durchgehende Terrasse ist jedoch nicht vorhanden. Es sind jeweils zwei Häuser durch eine Türe verbunden. Das riesige Dach ist zu den Zimmern hin offen und kann so eine optimale Luftzirkulation gewährleisten. |

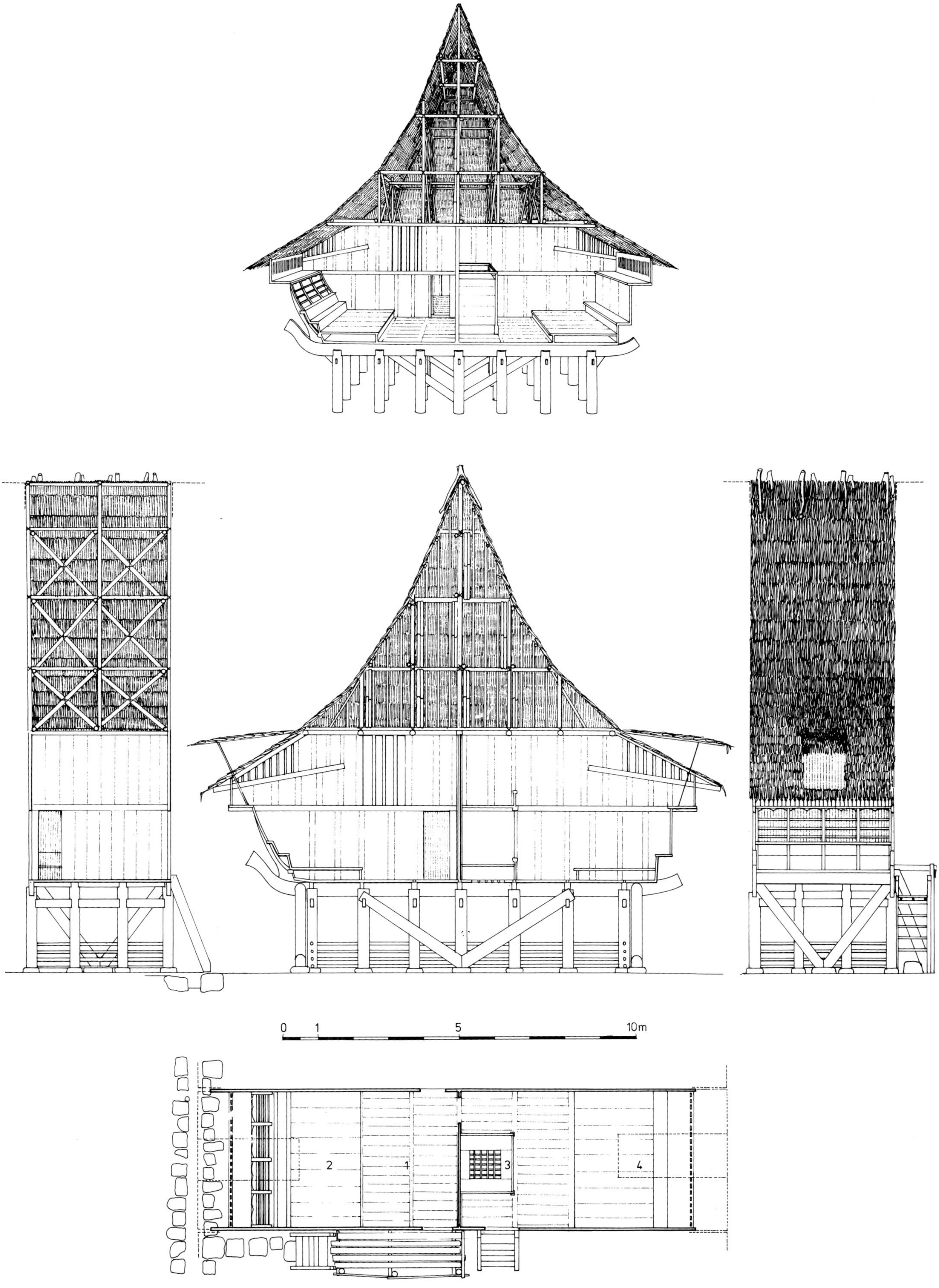
0 1 5 10m
2
1
3
4

| | |
|---|---|
| Name: | Wohnhaus einer landwirtschaftlichen Kommune |
| Standort: | Baotou, Autonome Region Innere Mongolei, VR China |
| Topographische Lage: | Ebene |
| Klima: | Steppenklima |
| Abmessungen | |
| Länge: | 10,5 m |
| Breite: | 5,5 m |
| Höhe: | 3,3 m |
| Baumaterial | |
| Fundamente: | Lehm |
| Mauern: | Lehmziegel |
| Zwischenmauern: | Lehmziegel |
| Dachkonstruktion: | Lehmziegel |
| Dachdeckung: | Lehmziegel |
| Baualter: | 22 Jahre |
| Anzahl der Bewohner: | 3 |
| Legende: | 1 Eingang, Lager, Küche |
| | 2 Zimmer |
| | 3 »kang«, beheizbare Plattform bzw. »Ofenbett« |
| Bemerkungen: | Während der Kulturrevolution von 1966 – 1976 wurden in China viele Stadtbewohner in neu errichtete landwirtschaftliche Kommunen verschickt. Das hier gezeigte Beispiel ist Teil einer Anlage mit 126 gleichen Wohneinheiten. Sie wurden im Schnellverfahren aus Lehmziegeln errichtet, bestehen aus drei Tonnen und einem kleinen Hof davor. Sanitäre Einrichtungen sind nicht vorhanden. Wasser wird von einem Brunnen geholt und in großen Krügen aufbewahrt. Die Toilette ist im Hof untergebracht. |

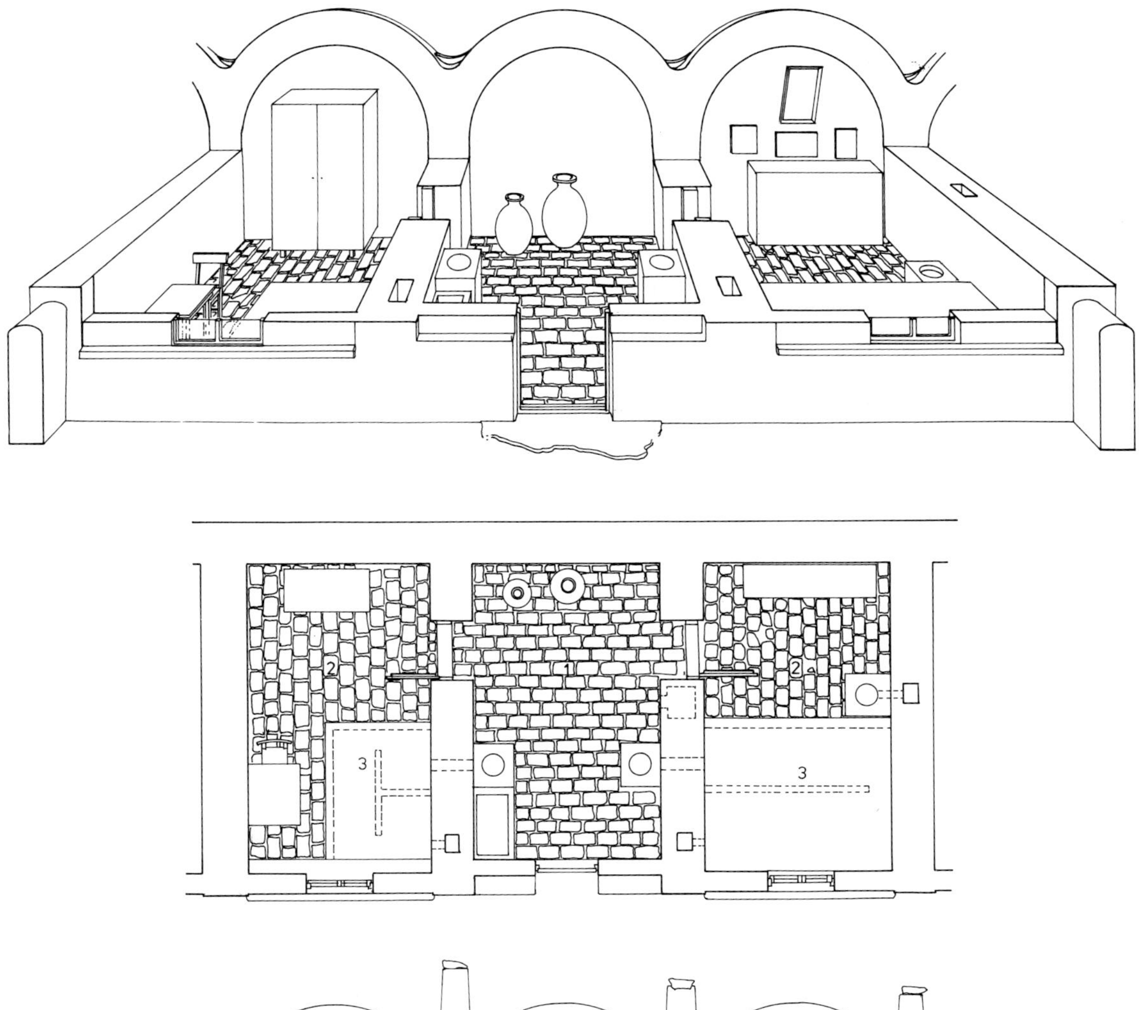
2
1
2
3
3
3
3
0
1
5
10 m

| | |
|---|---|
| Name: | Wohnhaus |
| Standort: | Pasu, Hunzatal, Pakistan |
| Topographische Lage: | Hochgebirge |
| Klima: | trockenes Bergklima |
| Abmessungen: | |
| Länge: | 9,5 m |
| Breite: | 7,8 m |
| Höhe: | 6,3 m |
| Baumaterial | |
| Fundamente: | Stein |
| Mauern: | Lehm |
| Zwischenmauern: | Lehm |
| Dachkonstruktion: | Holz |
| Dachdeckung: | Lehm mit Stroh |
| Baualter: | über 50 Jahre |
| Anzahl der Bewohner: | 5 |
| Legende: | 1 Eingangsraum mit Oberlicht<br>2 zentraler Wohnraum mit Oberlicht<br>3 Podium des Familienoberhauptes<br>4 Kochstelle<br>5 Schlafplätze<br>6 Gästepodium<br>7 Hof<br>8 zweigeschossiges Lager<br>9 Sommerschlafplatz |
| Bemerkungen: | Es handelt sich bei diesem Haus in einem Tal des Karakorum um ein schönes Beispiel, wie mit wenig Aufwand eine räumlich interessante Lösung gefunden werden kann. Der zentrale Wohnraum ist von der Straße nicht einzusehen. Betritt man das Haus und danach den Wohnraum, bleibt der Platz des Familienoberhauptes bis zum Ende uneingesehen. Die Konstruktion ist auch denkbar einfach: ein Ring von tragenden Mauern. In der Mitte wird das Dach durch Holzsäulen getragen. Trotz des zentralen Aufbaus bekommt der Raum durch seine Niveauunterschiede eine Richtung vom Besucherplatz zur Feuerstelle. Die Belichtung erfolgt durch ein kleines Oberlichtfenster, das im Sommer den Raum durch Luftzirkulation kühl hält und im Winter geschlossen werden kann. Geschlafen wird in der kalten Zeit auf Holzpodien und Decken, im Sommer auf dem Dach. |

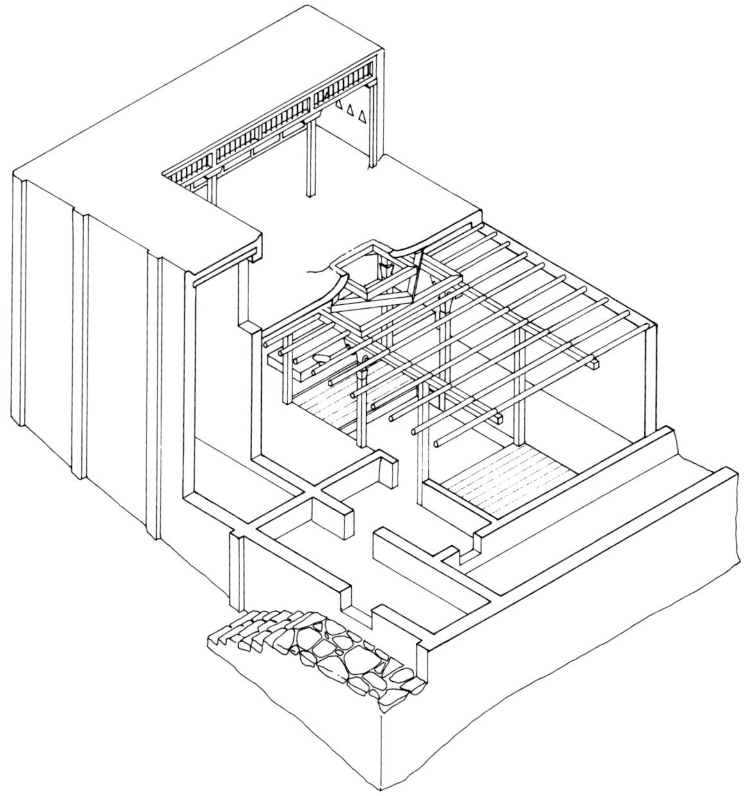

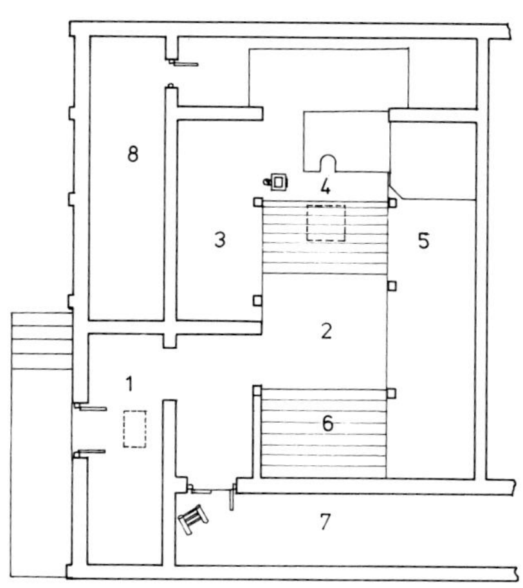
8
4
3
5
2
1
6
7

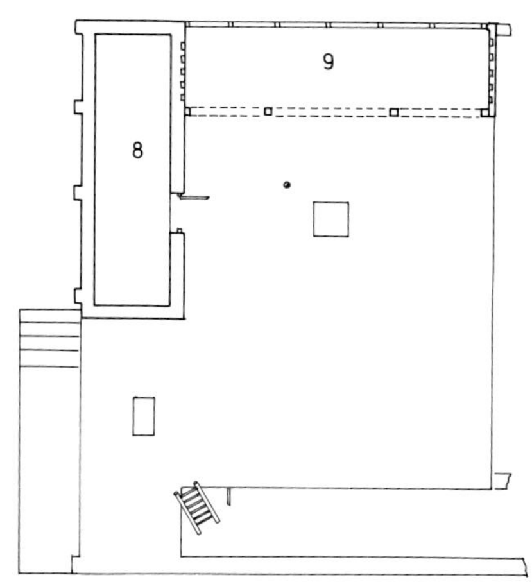
9
8

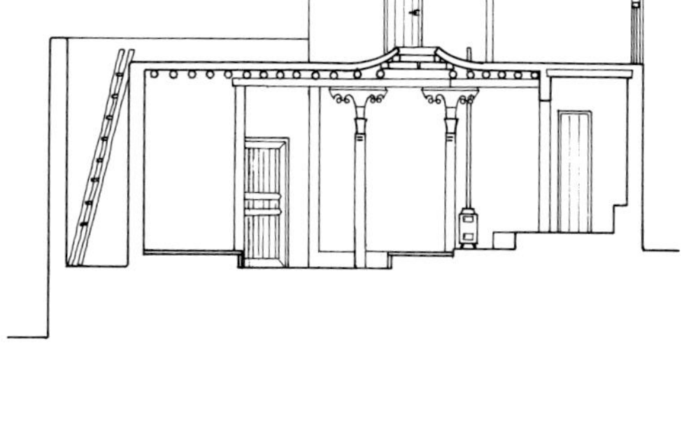

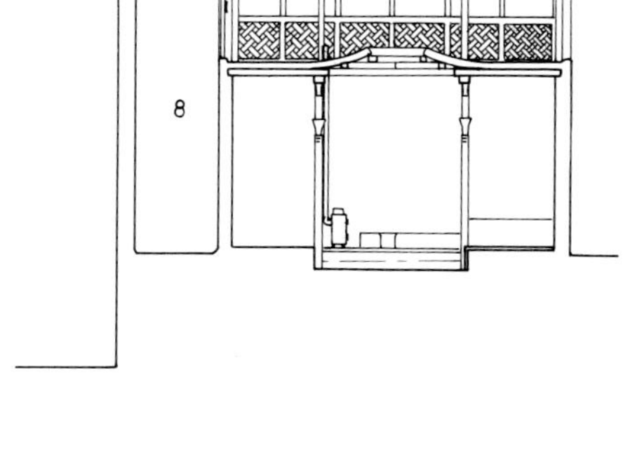
8


0 1 5 10 m

| | |
|---|---|
| Name: | Wohnhaus |
| Standort: | Wudanchao, nahe Baotou, Autonome Region Innere Mongolei, VR China |
| Topographische Lage: | Hügelland |
| Klima: | Steppenklima |
| Abmessungen | |
| Länge: | 11,4 m |
| Breite: | 6,7 m |
| Höhe: | 5,5 m |
| Baumaterial | |
| Fundamente: | Stein |
| Mauern: | Stein |
| Zwischenmauern: | Lehmziegel, Stein |
| Dachkonstruktion: | Holz |
| Dachdeckung: | Lehm |
| Baualter: | ca. 50 Jahre |
| Anzahl der Bewohner: | 8 |
| Legende: | 1 Mittelgang<br>2 Küche<br>3 Zimmer<br>4 Lager |
| Bemerkungen: | Dieses Gebäude ähnelt äußerlich einem tibetischen Haus, von der inneren Organisation her unterscheidet es sich allerdings. Im Untergeschoß sind symmetrisch zwei Wohneinheiten untergebracht, im ersten Stock sind Lagerräume. Man betritt das Haus durch einen Mittelgang, kommt in die Küche und danach ins Zimmer. Auch hier wird mittels »kang« geheizt, allerdings wird dieser von der Küche aus gespeist.<br>Das Obergeschoß ist ähnlich wie das Erdgeschoß aufgebaut, betreten wird es von der Hangseite über eine kleine Außentreppe. |

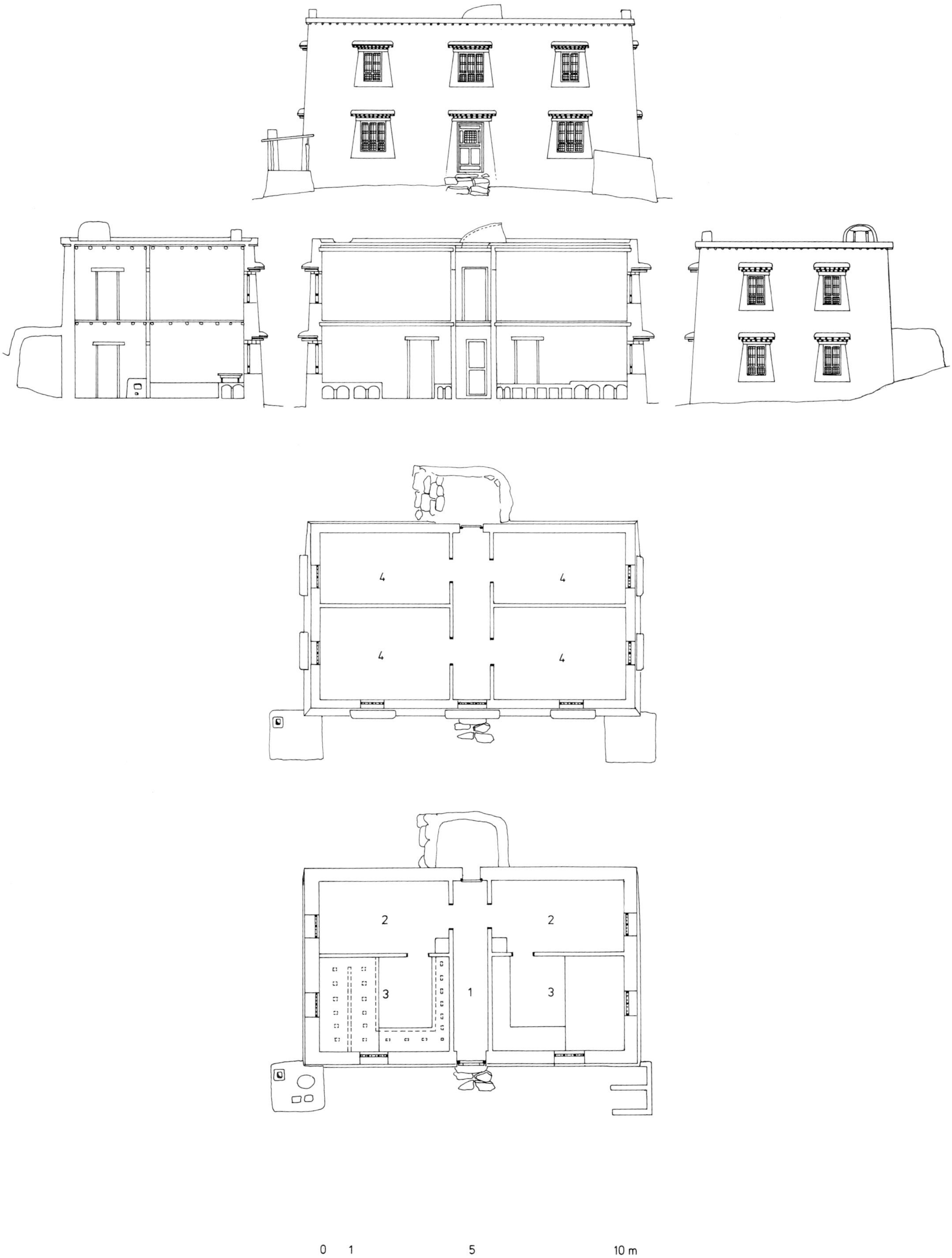
4
4
4
4
2
2
3
1
3
0 1 5 10 m

| | |
|---|---|
| Name: | Stadthaus |
| Standort: | Dali, Provinz Yünnan, VR China |
| Topographische Lage: | Hügelland |
| Klima: | tropisches Hochlandklima |
| Abmessungen | |
| Länge: | 8,5 m |
| Breite: | 7,2 m |
| Höhe: | 6,8 m |
| Baumaterial | |
| Fundamente: | Stein |
| Mauern: | Stein, Holz |
| Zwischenmauern: | Holz |
| Dachkonstruktion: | Holzpfetten |
| Dachdeckung: | Pfannenziegel |
| Baualter: | 30 Jahre |
| Anzahl der Bewohner: | 5 |
| Legende: | 1 Untergeschoß<br>2 Obergeschoß<br>3 Küche<br>4 Klosett |
| Bemerkungen: | Ein typisches Haus des südwestlichen Chinas: gegenüber der Straße durch eine Mauer abgetrennt, Innenhof, die Küche wegen der starken Geruchsentwicklung vom Haus getrennt und die Toilette außerhalb des Hauses. Die Konstruktion ist denkbar einfach. In drei U-förmig zueinanderstehende Mauern wird ein Holzskelett gestellt, das sowohl Wände als auch Decken trägt. Die Hoffassade ist eine reine Holzkonstruktion, im Untergeschoß gibt es eine überdeckte Veranda. |

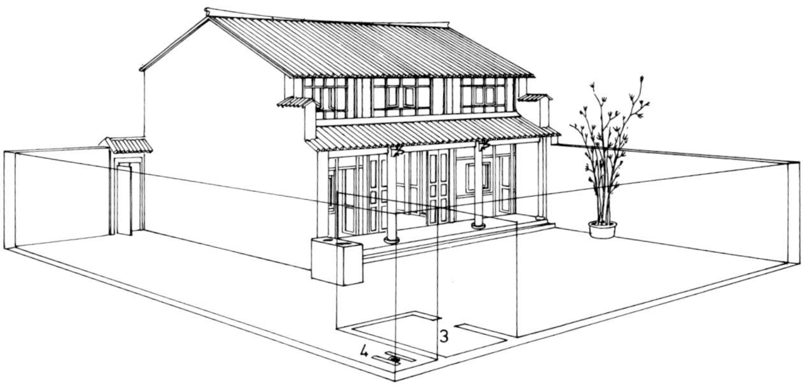
3
4

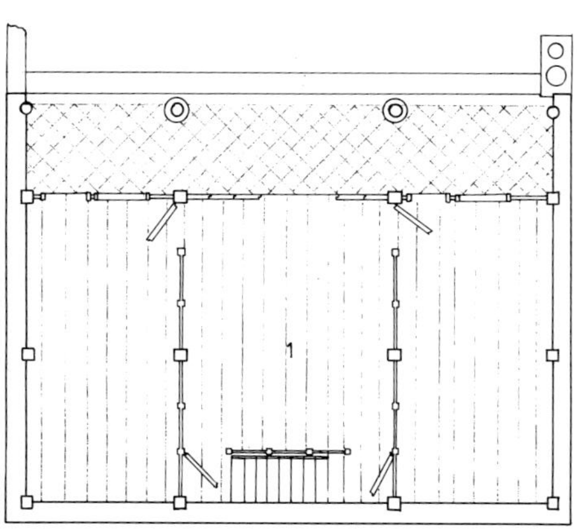
1

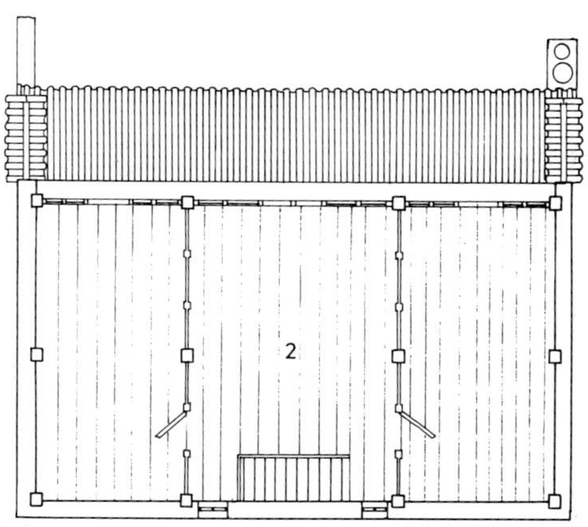
2

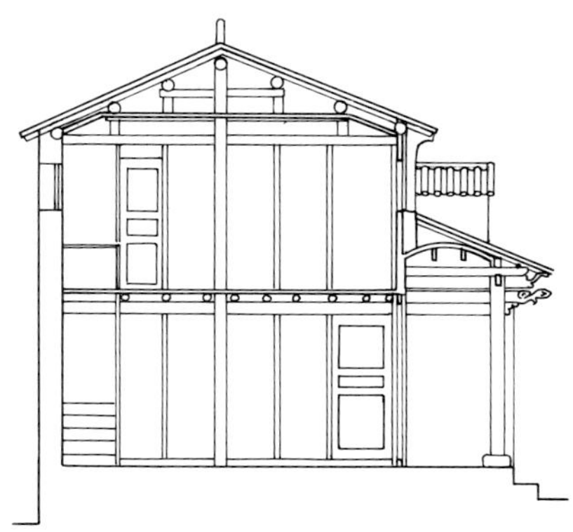

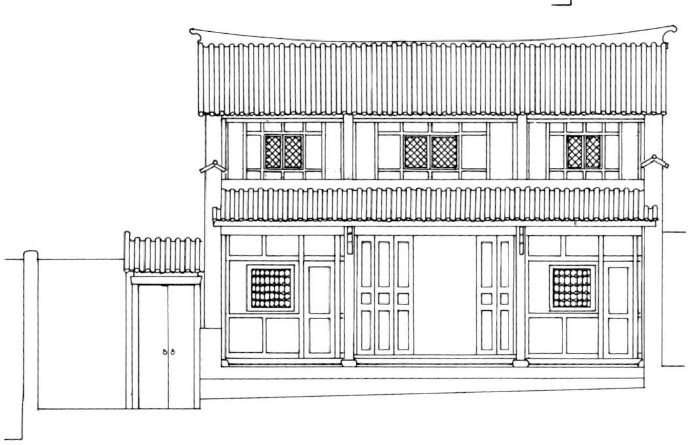

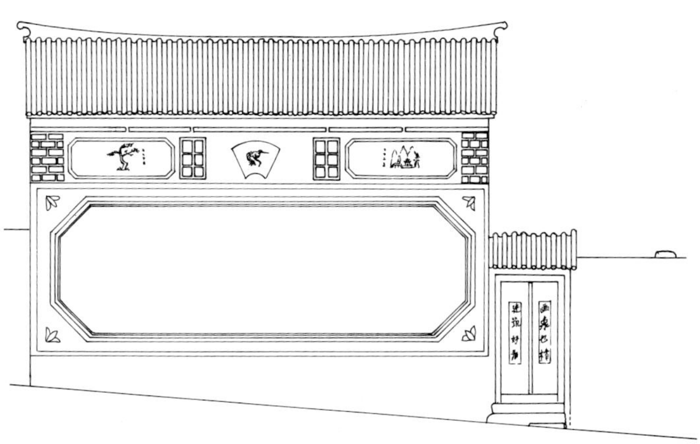

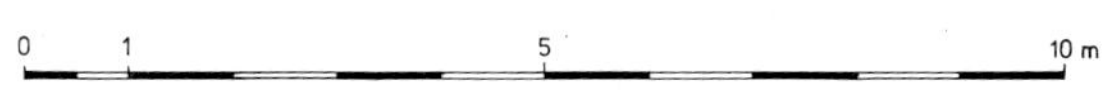
0
1
5
10 m

| | |
|---|---|
| Name: | Bauernhaus |
| Standort: | Nähe Taegu, Korea (Süd) |
| Topographische Lage: | Hügelland |
| Klima: | gemäßigtes, wintertrockenes Klima |
| Abmessungen | |
| Länge: | 14,0 m |
| Breite: | 19,0 m |
| Höhe: | 5,6 m |
| Baumaterial | |
| Fundamente: | Stein |
| Mauern: | Lehm, Holz |
| Zwischenmauern: | Holz, Papier |
| Dachkonstruktion: | Holzpfetten |
| Dachdeckung: | Stroh |
| Baualter: | 65 Jahre |
| Anzahl der Bewohner: | 9 |
| Legende: | 1 geheizte Zimmer<br>2 Küche<br>3 Ofen<br>4 Lager |
| Bemerkungen: | Diese Zeichnung zeigt ein Landhaus, wie es im Süden der koreanischen Halbinsel häufig zu sehen war. Leider ist es heute einem einheitlicheren Typ mit gemauerten Wänden und Ziegeldach gewichen. Das Haus besteht aus zwei Baukörpern, die durch einen überdachten Eingangsbereich verbunden sind. Jeweils zwei Räume pro Baukörper werden mittels »ondul«-Heizung beheizt. Diese entspricht in etwa der römischen Hyperkaustenheizung, einer Warmluftheizung, die von außen bedient wird und deren warme Luft durch Röhren unter dem Fußboden durchstreicht. |

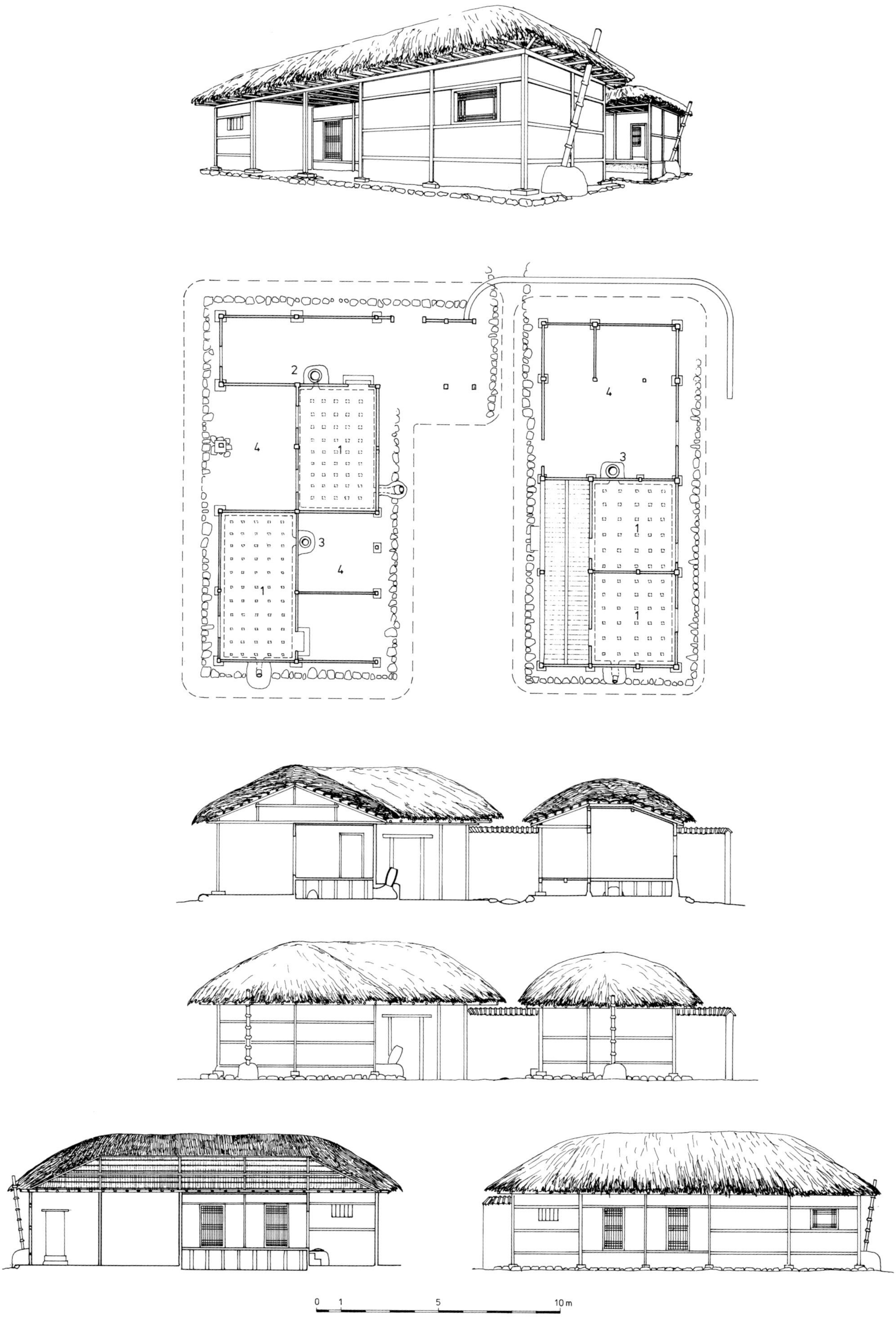
1
2
3
4
0 1 5 10 m

| | |
|---|---|
| Name: | Stadthaus |
| Standort: | Foshan, Provinz Guangdong, VR China |
| Topographische Lage: | Flachland, Stadt |
| Klima: | subtropisch |
| Abmessungen | |
| Länge: | 12,0 m |
| Breite: | 10,0 m |
| Höhe: | 9,2 m |
| Baumaterial | |
| Fundamente: | Stein |
| Mauern: | Ziegel |
| Zwischenmauern: | Holzriegel |
| Dachkonstruktion: | Pfettendach |
| Dachdeckung: | Ziegelpfannen |
| Baualter: | 85 Jahre |
| Anzahl der Bewohner: | 18 |
| Legende: | 1 zentraler Wohnraum<br>2 offener Innenhof<br>3 Zimmer, durch Galerie verbunden<br>4 Küche<br>5 Gesindewohntrakt |
| Bemerkungen: | Ursprünglich war dieses Haus für die gehobene Mittelklasse geplant worden. Das Untergeschoß diente Repräsentationszwecken, im Obergeschoß waren Schlafzimmer. Das Gesinde bewohnte den Hoftrakt, wo auch die Küche ist. Heute ist das Haus in vier verschiedene Einheiten abgetrennt, die von je einer Familie bewohnt werden. Ähnlich anderer chinesischer Stadthäuser ist keine Toilette vorhanden, es wird die für jeden Wohnblock eingerichtete öffentliche Toilette benutzt.<br>Das Haus wird von einem Stichgang aus erschlossen, der in eine runde Öffnung zur Hauptstraße mündet. In der Provinz Guangdong sind noch viele Häuser dieses Typs zu finden, sie werden aber so nicht mehr gebaut. |

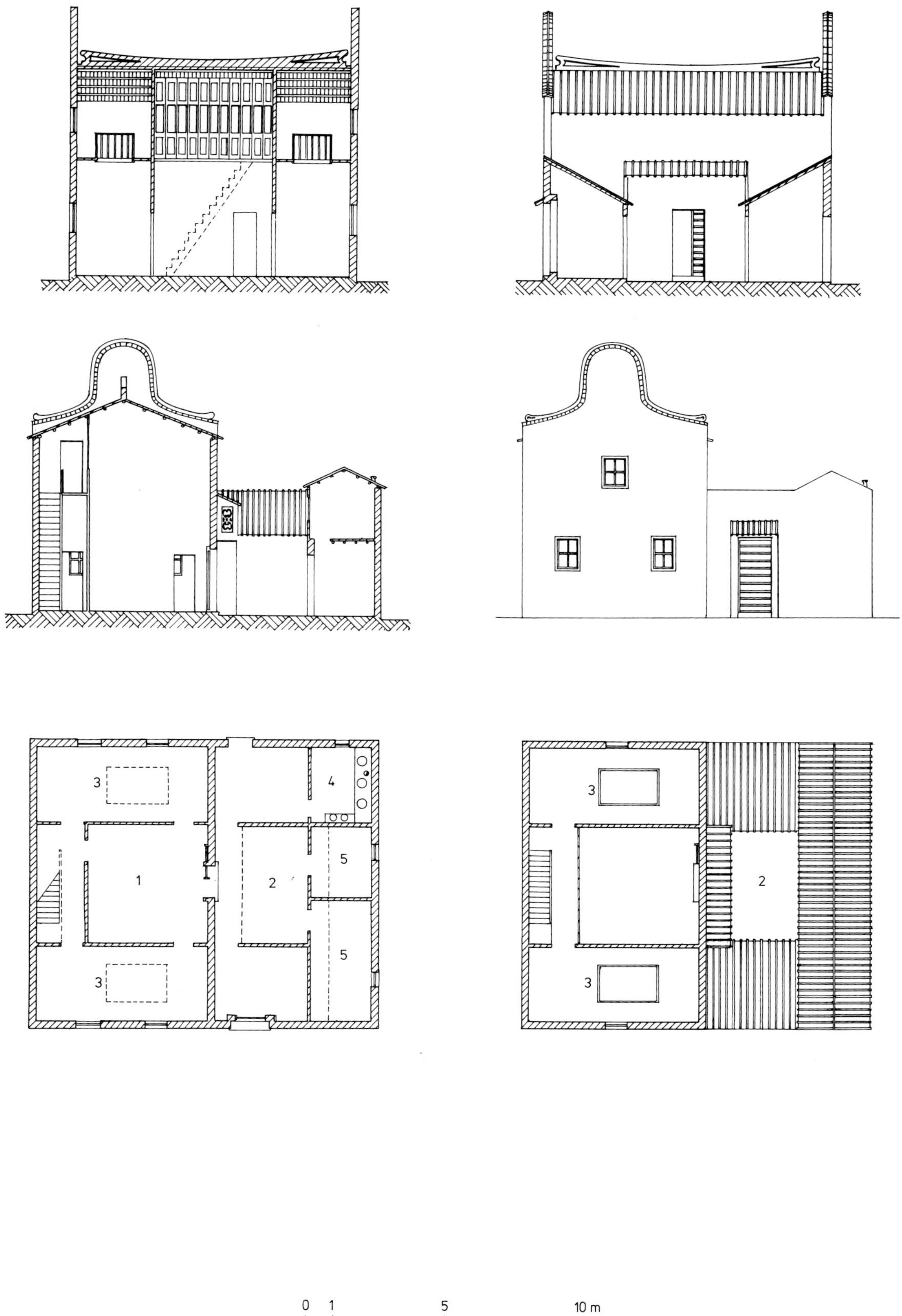
3
4
1
2
5
5
3
3
2
3
0 1 5 10 m

| | |
|---|---|
| Name: | Höhlenwohnung |
| Standort: | Xicun (Westdorf), nahe Luoyang, Provinz Henan, VR China |
| Topographische Lage: | Flachland |
| Klima: | winterkaltes Steppenklima |
| Abmessungen | |
| Länge: | 22,0 m |
| Breite: | 23,0 m |
| Tiefe: | 8,2 m |
| Baumaterial | |
| Fundamente: | gewachsene Erde (Lehm) |
| Mauern: | gewachsene Erde (Lehm) |
| Zwischenmauern: | gewachsene Erde (Lehm) |
| Dachkonstruktion: | gewachsene Erde (Lehm) |
| Dachdeckung: | gewachsene Erde (Lehm) |
| Baualter: | 35 Jahre |
| Anzahl der Bewohner: | 4 |
| Legende: | 1 Innenhof<br>2 Stiegenabgang<br>3 Küche<br>4 Lager<br>5 Zimmer<br>6 Klosett |
| Bemerkungen: | Diese Bauform existiert in der Umgebung des Gelben Flusses seit Tausenden von Jahren. Der geringe Materialaufwand und die günstigen bauphysikalischen Auswirkungen der Lehmmassen haben diese Höhlenwohnungen in ihrem Stil unverändert erhalten. Heute leben in Zentralchina ca. 60 Millionen Menschen unter der Erde. Nach dem Aushub des Hofes werden die benötigten Zimmer aus der Wand geschlagen. Wenn neue Zimmer benötigt werden, dann können sie noch später angefügt werden. In den kälteren Klimazonen werden Kaminöffnungen von den Zimmern an die Oberfläche geschlagen, im Winter erkennt man die Lage der sonst nicht sichtbaren Häuser an den aus dem Boden aufsteigenden Rauchsäulen. |

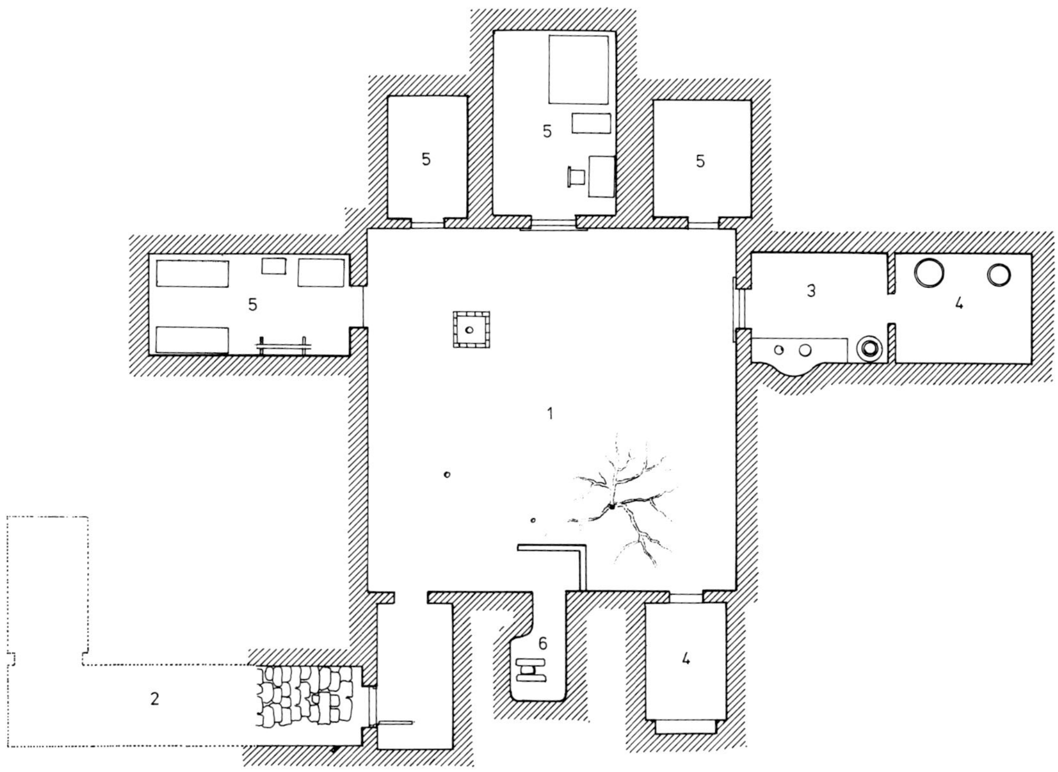
5
5
5
5
3
4
1
2
6
4

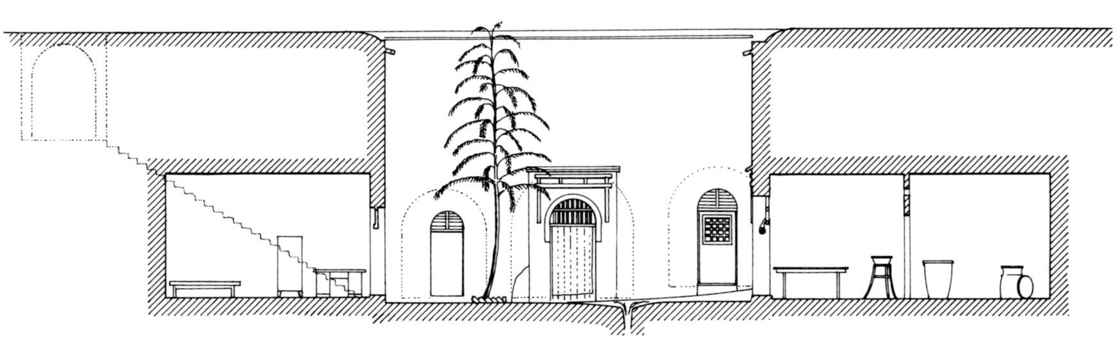

0 1 5 10 m

| | |
|---|---|
| Name: | Stadthaus |
| Standort: | Seoul, Korea |
| Topographische Lage: | Hügelland |
| Klima: | winterkaltes Kontinentalklima |
| Abmessungen | |
| Länge: | 14,5 m |
| Breite: | 8,5 m |
| Höhe: | 4,2 m |
| Baumaterial | |
| Fundamente: | Stein |
| Mauern: | Ziegel, Holz |
| Zwischenmauern: | Holz, Papier |
| Dachkonstruktion: | Holzpfetten |
| Dachdeckung: | Ziegel |
| Baualter: | 80 Jahre |
| Anzahl der Bewohner: | 7 |
| Legende: | 1 Geschäftslokal (Wäscherei)<br>2 Wohnzimmer<br>3 beheizte Zimmer<br>4 Küche und Waschraum<br>5 Ofen<br>6 Klosett |
| Bemerkungen: | In der Innenstadt von Seoul finden sich, eingeklemmt zwischen modernen Hochhäusern, noch einige alte Hofhäuser. Sie sind durchwegs eingeschossig und jeweils mit einem Hof an das Nachbarhaus angebaut. Dadurch kann eine große Dichte erreicht werden, wobei aber die Abgeschlossenheit des einzelnen Objekts gewahrt bleibt. Man betritt das Haus durch eine schwere Holztüre, von der man zunächst in den Hof gelangt. Alle Räume werden entweder direkt oder über einen weiteren Raum von diesem Hof aus erschlossen. Bis auf die Küche und Geschäftsräume werden alle mittels »ondul«-Heizung beheizt. Seitlich und an der Rückseite, in der Achse des Eingangs, liegen zwei weitere kleine Höfe, die als Lager, und in diesem speziellen Fall, zum Wäschetrocknen verwendet werden. |

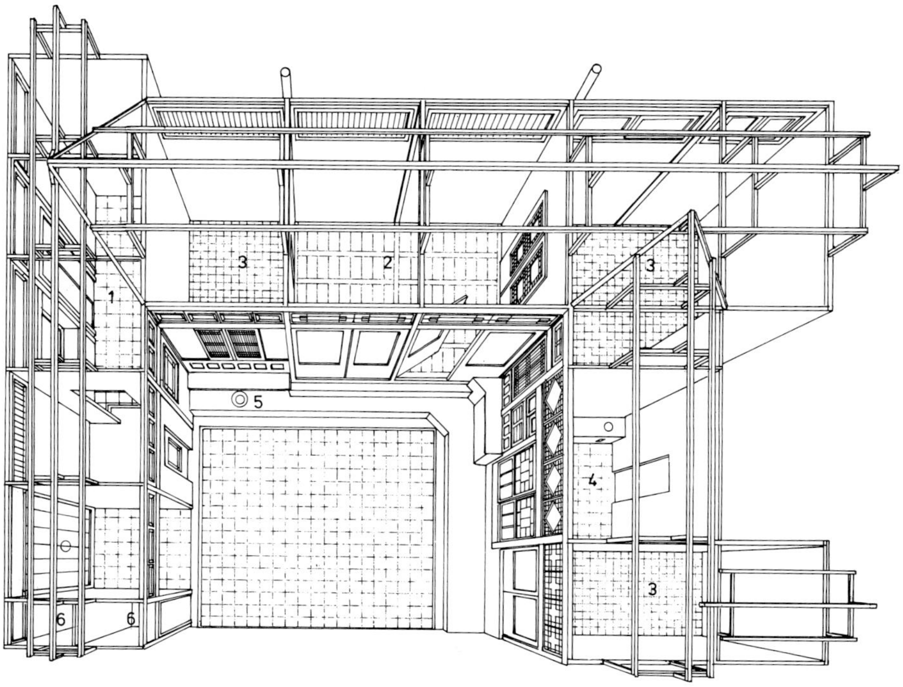
1
2
3
3
3
4
5
6
6

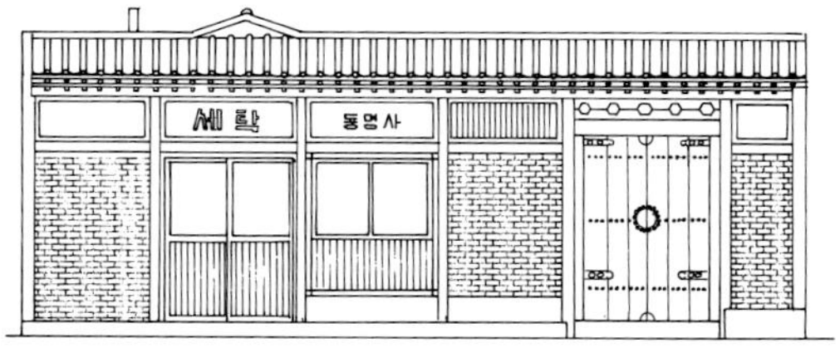
세탁
동영사

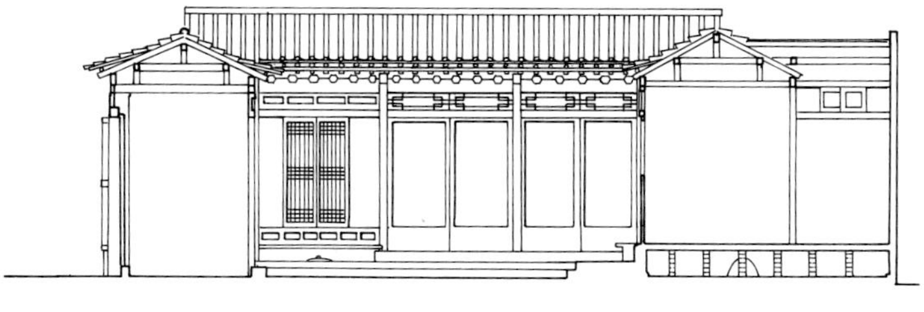

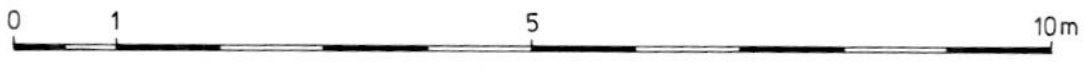
0 1 5 10m

| | |
|---|---|
| Name: | Stadthaus |
| Standort: | Bundi, Rajasthan, Indien |
| Topographische Lage: | Hügelland |
| Klima: | trockenes Savannenklima |
| Abmessungen | |
| Länge: | 11,2 m |
| Breite: | 11,2 m |
| Höhe: | 7,5 m |
| Baumaterial | |
| Fundamente: | Stein |
| Mauern: | Stein, Ziegel |
| Zwischenmauern: | Ziegel |
| Dachkonstruktion: | Flachdach, Holztram |
| Dachdeckung: | Mörtel |
| Baualter: | 60 Jahre |
| Anzahl der Bewohner: | 11 |
| Legende: | 1 Geschäft/Lager<br>2 Innenhof<br>3 Erkerzimmer<br>4 Küche<br>5 Wasseraufbewahrung |
| Bemerkungen: | Der indischen Tradition folgend ist dieses Haus über einem quadratischen Grundriß errichtet. Selbst der Innenhof liegt im Zentrum des Hauses und bildet ein Quadrat. Hinter dem Eingang ist ein Raum so angelegt, daß man von der Straße nicht in das Hausinnere sehen kann. Die Innenfassade, die dem Eingang gegenüberliegt, ist durch Säulen aufgelockert und ornamental verziert, gewissermaßen eine Prunkfassade für den Eintretenden. Die Zimmer zur Straße haben Erker in Sitzhöhe, von denen aus die Straße überblickt werden kann, ohne selbst gesehen zu werden.<br>Ungewöhnlich an diesem Haus ist, daß der ehemals zweite Stock teilweise abgebrochen wurde, was gegen die hinduistischen Bauvorschriften spricht, wonach ein fertiggestelltes Gebäude nachträglich nicht mehr geändert werden darf. |

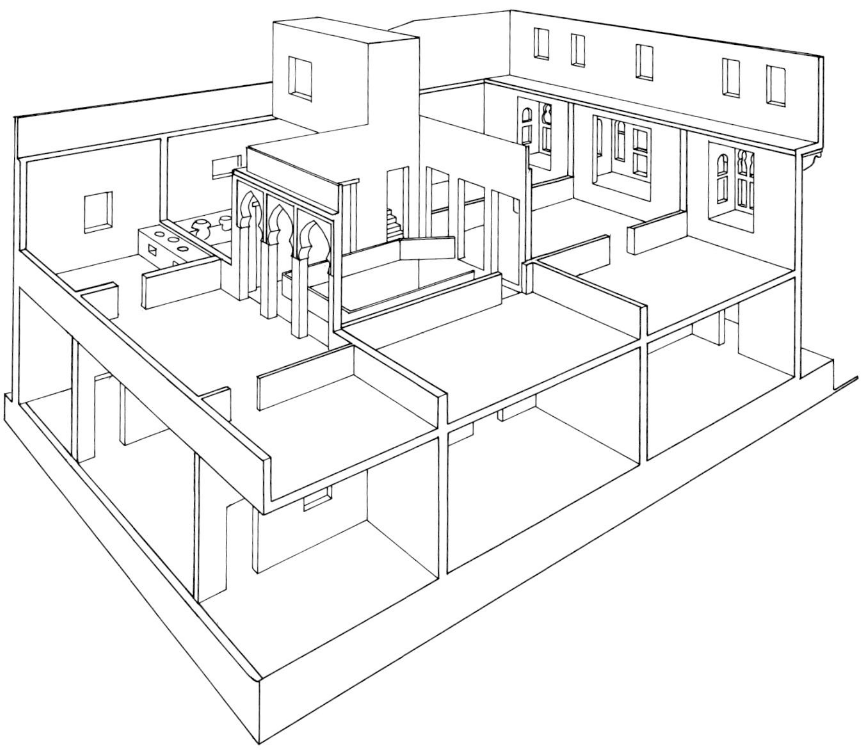

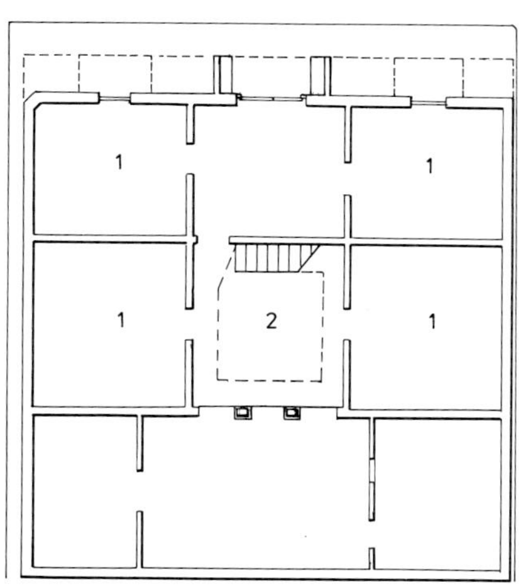

1
1
1
2
1


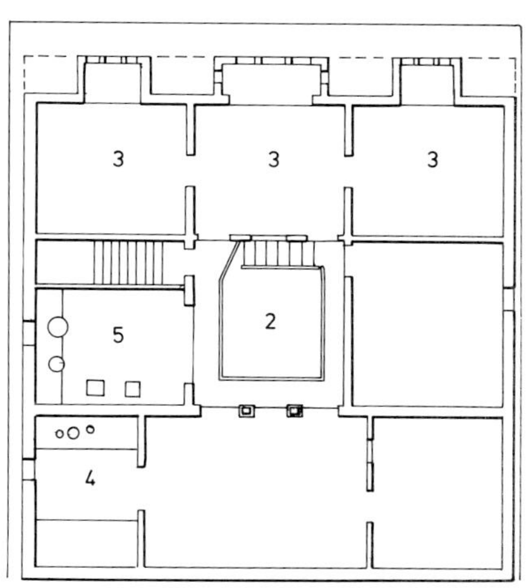

3
3
3
5
2
4


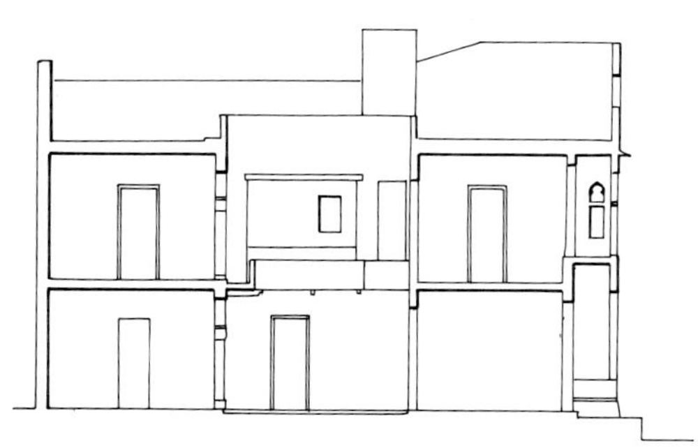

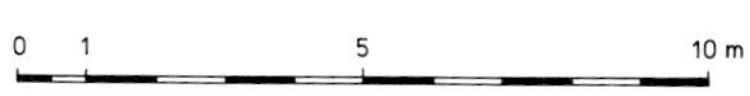

0 1 5 10 m

| | |
|---|---|
| Name: | Hofhaus |
| Standort: | Tarse, nahe Xining, Provinz Qinghai, VR China |
| Topographische Lage: | Hochebene |
| Klima: | Steppenklima |
| Abmessungen | |
| Länge: | 20,0 m |
| Breite: | 20,0 m |
| Höhe: | 3,5 m |
| Baumaterial | |
| Fundamente: | Lehm |
| Mauern: | Lehmziegel |
| Zwischenmauern: | Holzriegelwand |
| Dachkonstruktion: | Holzlatten |
| Dachdeckung: | Lehm |
| Baualter: | 25 Jahre |
| Anzahl der Bewohner: | 6 |
| Legende: | 1 Wohnraum<br>2 »kang«<br>3 Gästeraum mit Hausaltar<br>4 Küche<br>5 Lager |
| Bemerkungen: | Dieses Haus im Hochland nördlich von Tibet ist nach außen bis auf zwei kleine Fenster gänzlich abgeschlossen. Alle Zimmer werden vom Innenhof belichtet. In den dunklen Ecken des Hauses sind die Lager oder die Küche untergebracht. Die Konstruktion folgt einem starren Prinzip: Außenwand und Aussteifung aus Lehmziegeln, die Zwischenwände als Holzriegelkonstruktion, deren Felder oft kunstvoll bemalt sind.<br>Die Aufenthalts- und Schlafräume werden mittels »kang« beheizt. Dieses ist eine Plattform aus Ziegeln, ca. 50 cm hoch. Sie wird von außen beheizt und leitet die warme Luft in Gängen zum Kamin. Dadurch entsteht eine beheizte Fläche, auf der gesessen und geschlafen wird.<br>In diesem Haus sind keine Toiletten vorhanden, die Notdurft wird entweder auswärts oder nachts in einen Nachttopf verrichtet. |

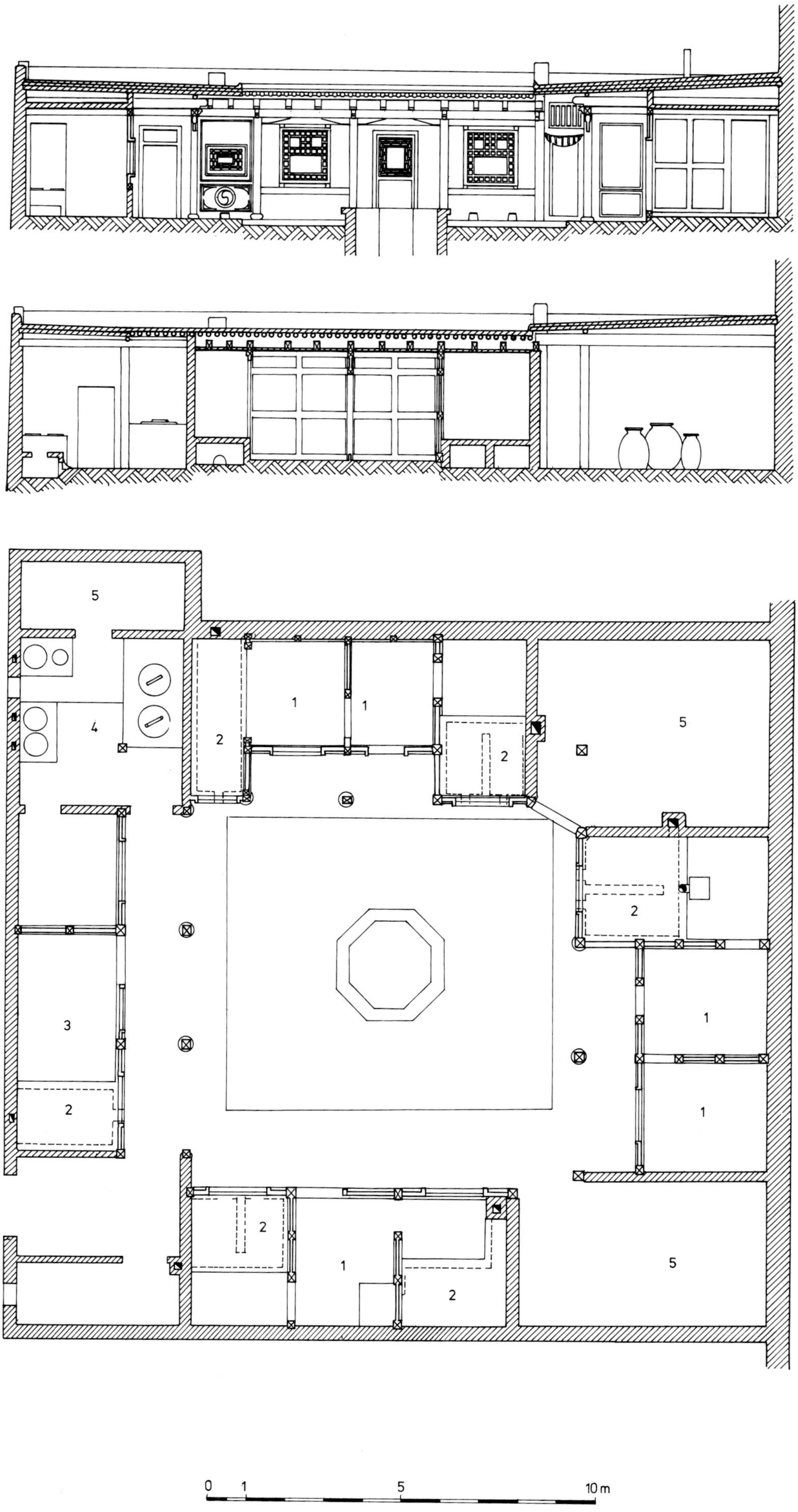
5
1
1
4
2
2
5
2
3
1
2
1
2
1
2
5
0 1 5 10 m

| | |
|---|---|
| Name: | Landhaus |
| Standort: | Ayutthya, Thailand |
| Topographische Lage: | Flachland |
| Klima: | Savannenklima |
| Abmessungen | |
| Länge: | 27,8 m |
| Breite: | 25,3 m |
| Höhe: | 10,2 m |
| Baumaterial | |
| Fundamente: | Holzstämme |
| Mauern: | Holzriegel |
| Zwischenmauern: | Holzriegel |
| Dachkonstruktion: | Holz, Bambus |
| Dachdeckung: | geflochtene Palmblätter |
| Baualter: | 60 Jahre |
| Anzahl der Bewohner: | 12 |
| Legende: | 1 zentraler Aufenthaltsraum<br>2 Zimmer<br>3 Küche<br>4 Brunnen<br>5 gedeckter Sitzplatz beim Eingang |
| Bemerkungen: | Ein typisches Landhaus des thailändischen Flachlandes, wie es heute aber in dieser reinen Form nicht mehr gebaut wird. Der chinesische Einfluß des »Vier-Haus-Hofes« ist deutlich zu erkennen, allerdings ist der Innenhof durch ein zusätzliches Dach bedeckt. Das ganze Haus wird aus Holzsäulen gebildet, deren Zwischenräume mit Kassetten ausgefacht sind. Große vergitterte Fenster gewährleisten eine permanente Durchlüftung, der Dachraum ist gegen die Zimmer abgeschlossen. Das Wohnniveau liegt 1,4 m über dem Grund, um die Bewohner gegen Kriechtiere und Überflutung bei tropischen Regenfällen zu schützen. Wie so oft ist die Küche vom Wohntrakt getrennt, um den bei der thailändischen Küche auftretenden Geruch und Rauch nicht in den Zimmern zu haben. |

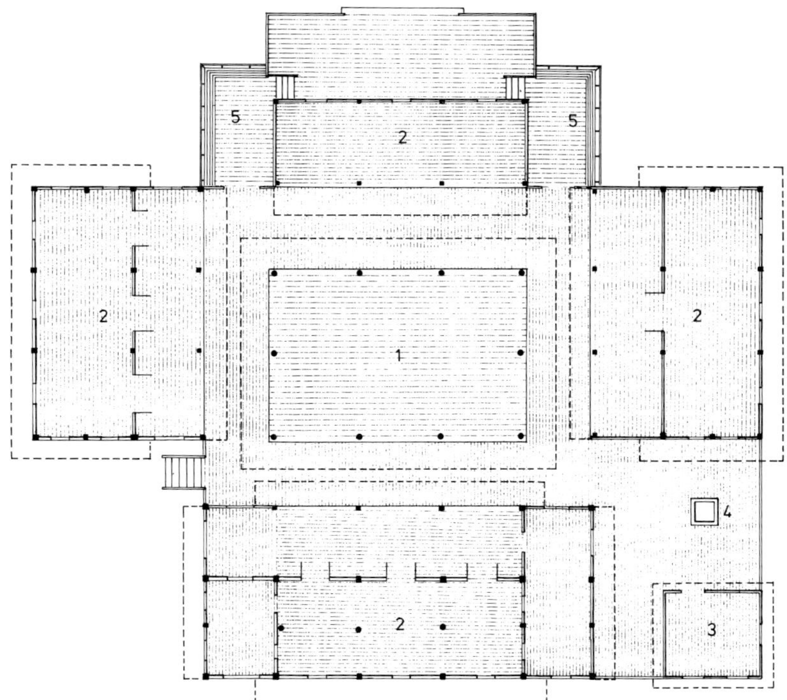


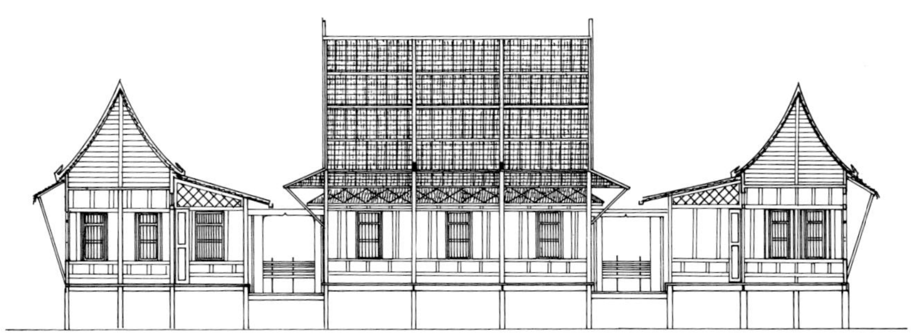

0 1 5 10m

| | |
|---|---|
| Name: | Stadthaus |
| Standort: | Macao |
| Topographische Lage: | Hügelland |
| Klima: | subtropisches Küstenklima |
| Abmessungen | |
| Länge: | 15,0 m |
| Breite: | 20,5 m |
| Höhe: | 8,5 m |
| Baumaterial | |
| Fundamente: | Ziegel |
| Mauern: | Ziegel |
| Zwischenmauern: | Ziegel, Holz, Karton |
| Dachkonstruktion: | Holzpfetten |
| Dachdeckung: | Pfannenziegel |
| Baualter: | ca. 150 Jahre |
| Anzahl der Bewohner: | 23 |
| Legende: | 1 Innenhof<br>2 Zimmer<br>3 Küche<br>4 Klosett |
| Bemerkungen: | Dieses Haus im Zentrum Macaos ist eine Mischung aus chinesischen und portugiesischen Elementen. Ursprünglich bestand es aus 6 Einheiten, wie auch dem Namen »Hof der sechs Häuser« zu entnehmen ist. Es war immer eine Unterkunft niedrigen Standards, die Küchen des Untergeschosses sind nur durch ein vergittertes Loch in der Decke belichtet, die des oberen sind nicht überdacht. Die Toiletten sind nachträglich eingebaut worden.<br>Wie bei südchinesischen Häusern üblich, reichen die Zwischenwände nicht bis unter die Decke, sondern stehen wie Paravents im Raum. |

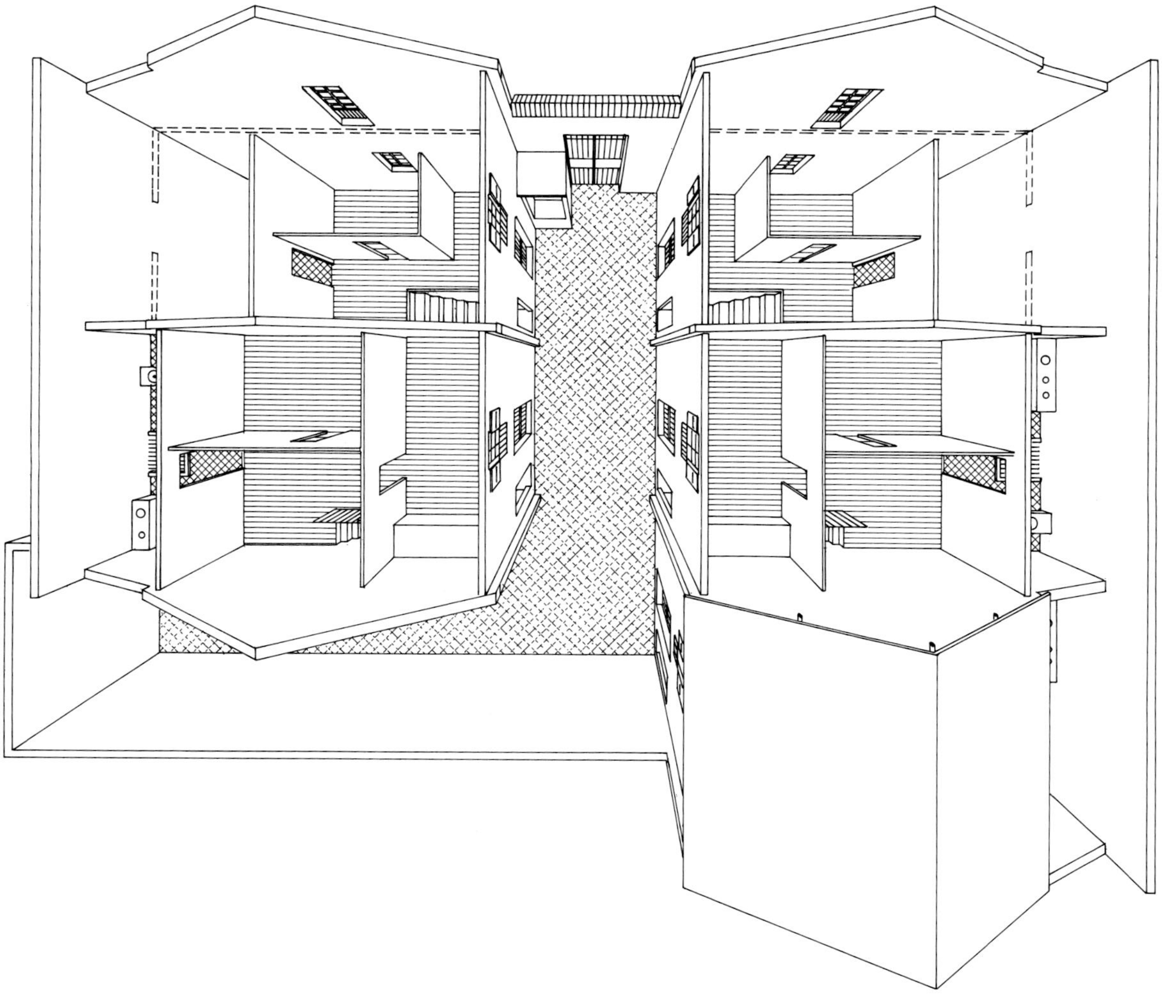

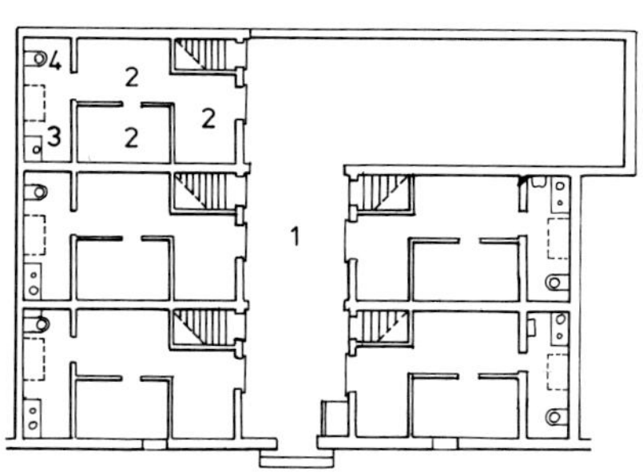
4
2
2
2
3
1

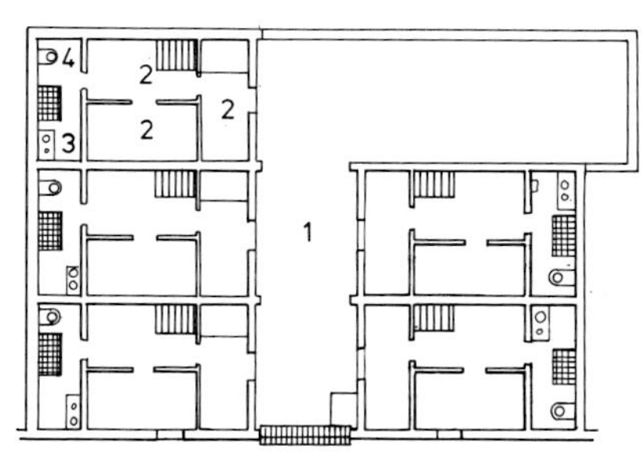
4
2
2
2
3
1

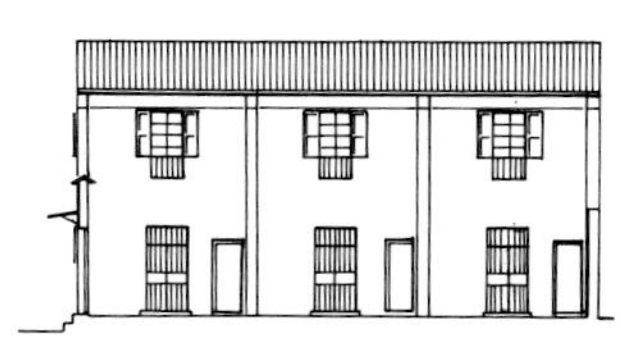

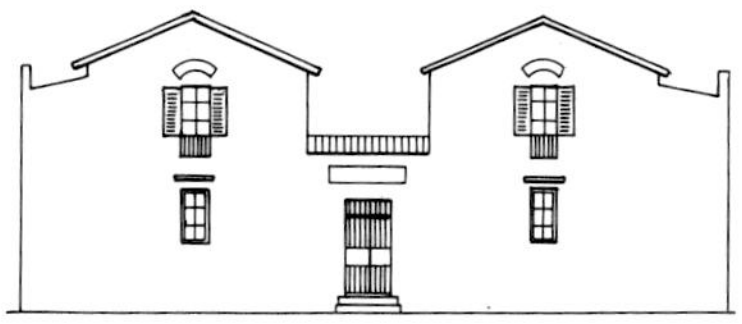

0 1
5
10 m

| | |
|---|---|
| Name: | Rundhaus |
| Standort: | Yongding, Provinz Fujian, VR China |
| Topographische Lage: | Bergland |
| Klima: | subtropisch |
| Abmessungen | |
| Durchmesser: | 65,0 m |
| Höhe: | 14,0 m |
| Baumaterial | |
| Fundamente: | Stein |
| Mauern: | Stampflehm |
| Zwischenmauern: | Holz |
| Dachkonstruktion: | Holz |
| Dachdeckung: | Ziegelpfannen |
| Baualter: | ca. 300 Jahre |
| Anzahl der Bewohner: | ca. 550 |
| Legende: | 1 Küche einer Familie<br>2 Zimmer der Obergeschosse<br>3 Stallungen<br>4 zweigeschossige Wohnungen<br>5 Magazine<br>6 Haustempel<br>7 Wasserstelle |
| Bemerkungen: | Diese Bauform wurde ursprünglich als Schutz vor Überfällen entwikkelt, hat sich aber so bewährt, daß sie heute noch verwendet wird. Der äußere Ring wird aus Stampflehm hochgezogen, danach wird innen eine Holzkonstruktion hineingestellt. Die Erschließung erfolgt über eine umlaufende Galerie von vier Stiegen aus. Alle Zimmer der Obergeschosse sind gleichartig, lediglich am Ende der Gänge gibt es größere Räume. Im Untergeschoß des großen Ringes sind die Küchen untergebracht, im ersten Stock Lager und Zimmer, ab dem 2. Stock gibt es nur noch Zimmer. Vor der umlaufenden Galerie sind Käfige angebracht, in denen Kaninchen und Hühner gehalten werden. Der mittlere Ring besteht aus zweigeschossigen Wohnhäusern, an deren Rückseite Schweinestallungen sind. Der innere Ring wird gänzlich als Lager genutzt. Im Zentrum befindet sich der Haustempel, der in eine Tischlerwerkstätte umgewandelt wurde.<br>Im gesamten Gebäude befinden sich 212 Zimmer, eine Familie besitzt aber nicht nebeneinanderliegende Räume, sondern sie werden nach Bedarf und Freiwerden vergeben. So kommt es vor, daß eine Familie die Küche im Erdgeschoß hat, ein Zimmer im ersten Stock und ein weiteres im dritten gegenüber.<br>Zwischen jedem Ring läuft ein 70 cm tiefer Kanal, in den die Stallungen direkt einmünden. Durch die großen Lager und den Brunnen können sich die Bewohner über mehrere Wochen unabhängig von der Außenwelt selbst versorgen. |

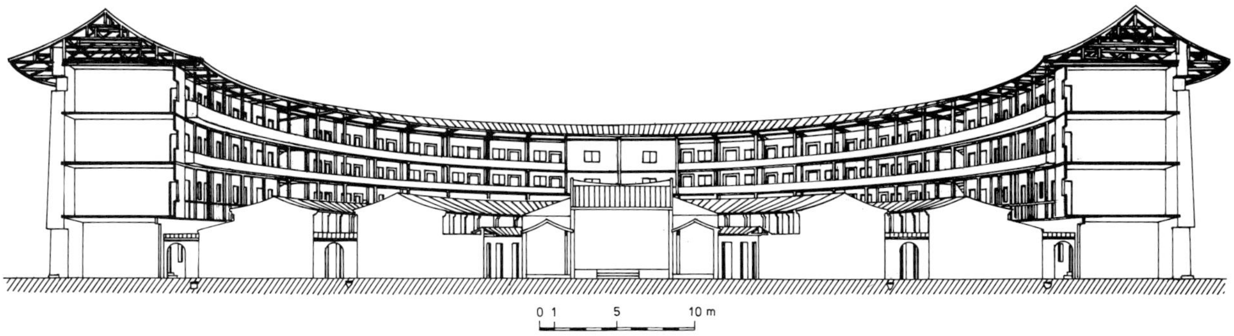

0 1 5 10 m


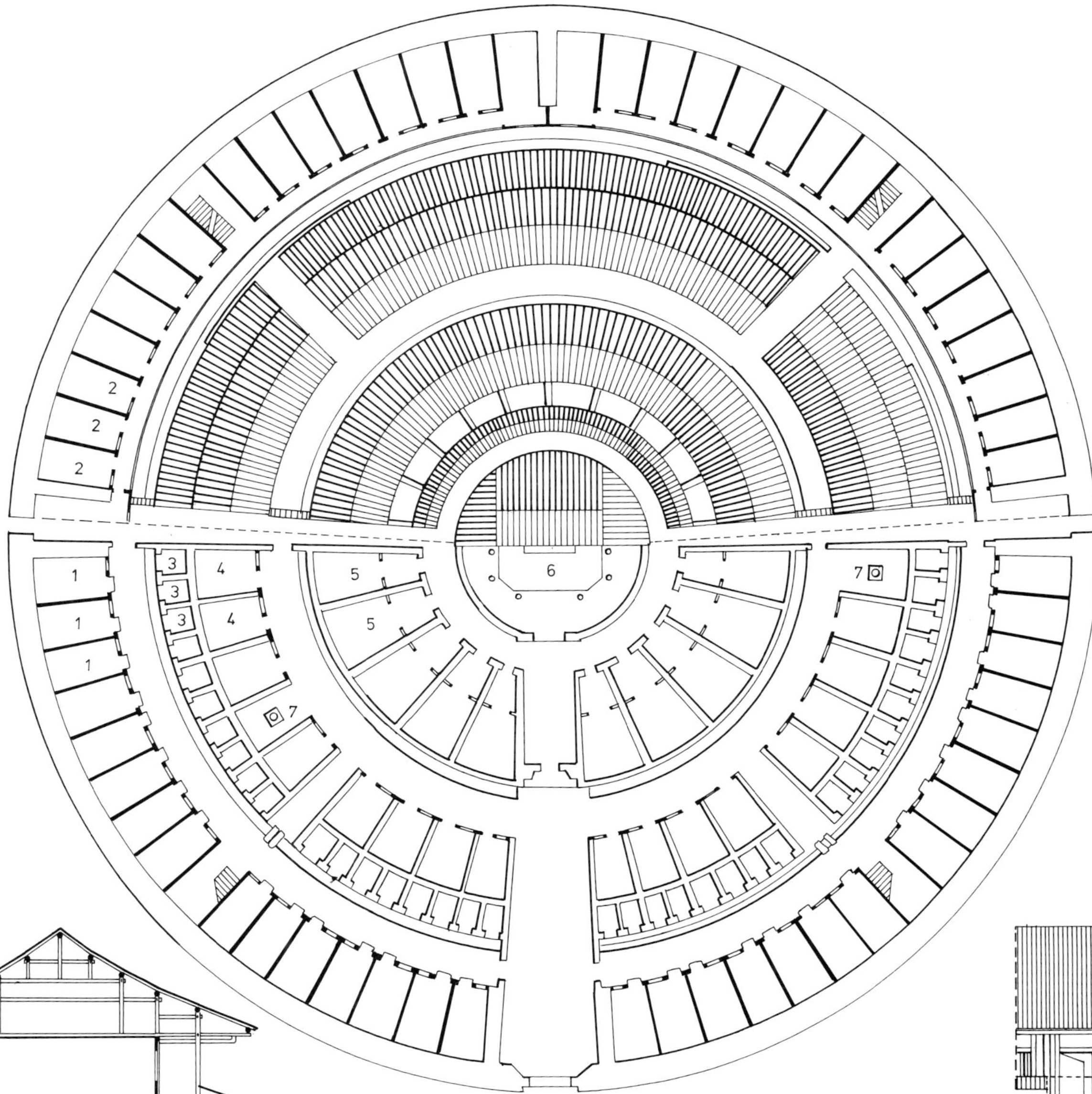

2
2
2
1
1
1
3
3
3
4
4
5
5
6
7
7


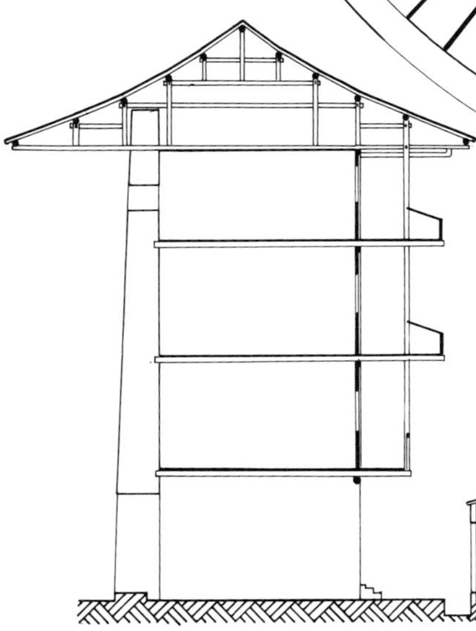

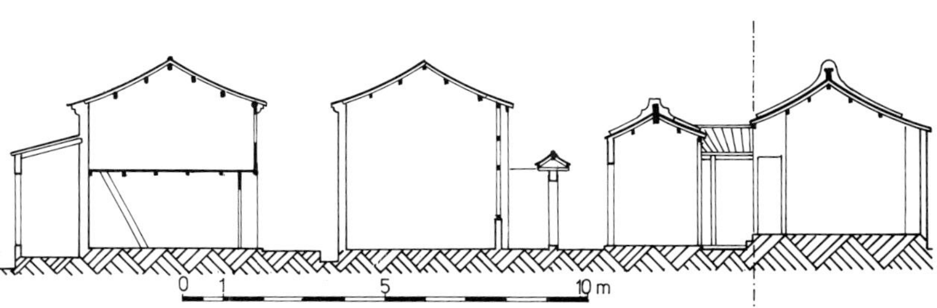

0 1 5 10 m


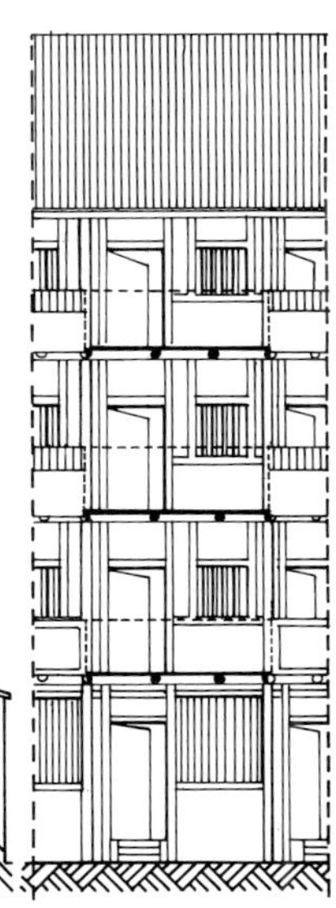

| | |
|---|---|
| Name: | Stadthaus |
| Standort: | Malakka, Malaysia |
| Topographische Lage: | Küstenregion |
| Klima: | tropisch |
| Abmessungen | |
| Länge: | 62,0 m |
| Breite: | 4,2 m |
| Höhe: | 8,5 m |
| Baumaterial | |
| Fundamente: | Stein |
| Mauern: | Ziegel |
| Zwischenmauern: | Holz |
| Dachkonstruktion: | Holz |
| Dachdeckung: | Ziegelpfannen |
| Baualter: | ca. 60 Jahre |
| Anzahl der Bewohner: | 29 |
| Legende: | 1 Empfangsraum<br>2 Aufenthaltsraum<br>3 Kochstelle<br>4 Klosett<br>5 Gesindewohnräume<br>6 Herrschaftsschlafzimmer<br>7 Lagerraum |
| Bemerkungen: | Einige Städte der malaiischen Halbinsel wie Singapore, Penang oder Malakka sind stark von der chinesischen Kultur geprägt. Der Reichtum der Chinesen zeigt sich auch in ihren feudalen Stadthäusern. Durch einen langen schmalen Grundriß liegen möglichst viele Fassaden zur Hauptstraße. Dort sind die Häuser auch immer zweigeschossig, hinter diesem repräsentativen Vordertrakt liegt immer ein Innenhof. Von diesem Innenhof ist der zweite Stock zu erschließen, manchmal ist der dahinterliegende Baukörper ebenfalls zweigeschossig. Daran anschließend, durch einen zweiten Hof getrennt, liegen die Küche und die Toiletten. Erst dann beginnt der ebenerdige Gesindetrakt, eine Reihe gleicher Zimmer, die von einem offenen Gang erschlossen werden. Zum Hinterausgang liegt die Küche für das Gesinde, manchmal können dort auch Kleintiere gehalten werden. |

0 1 5 m

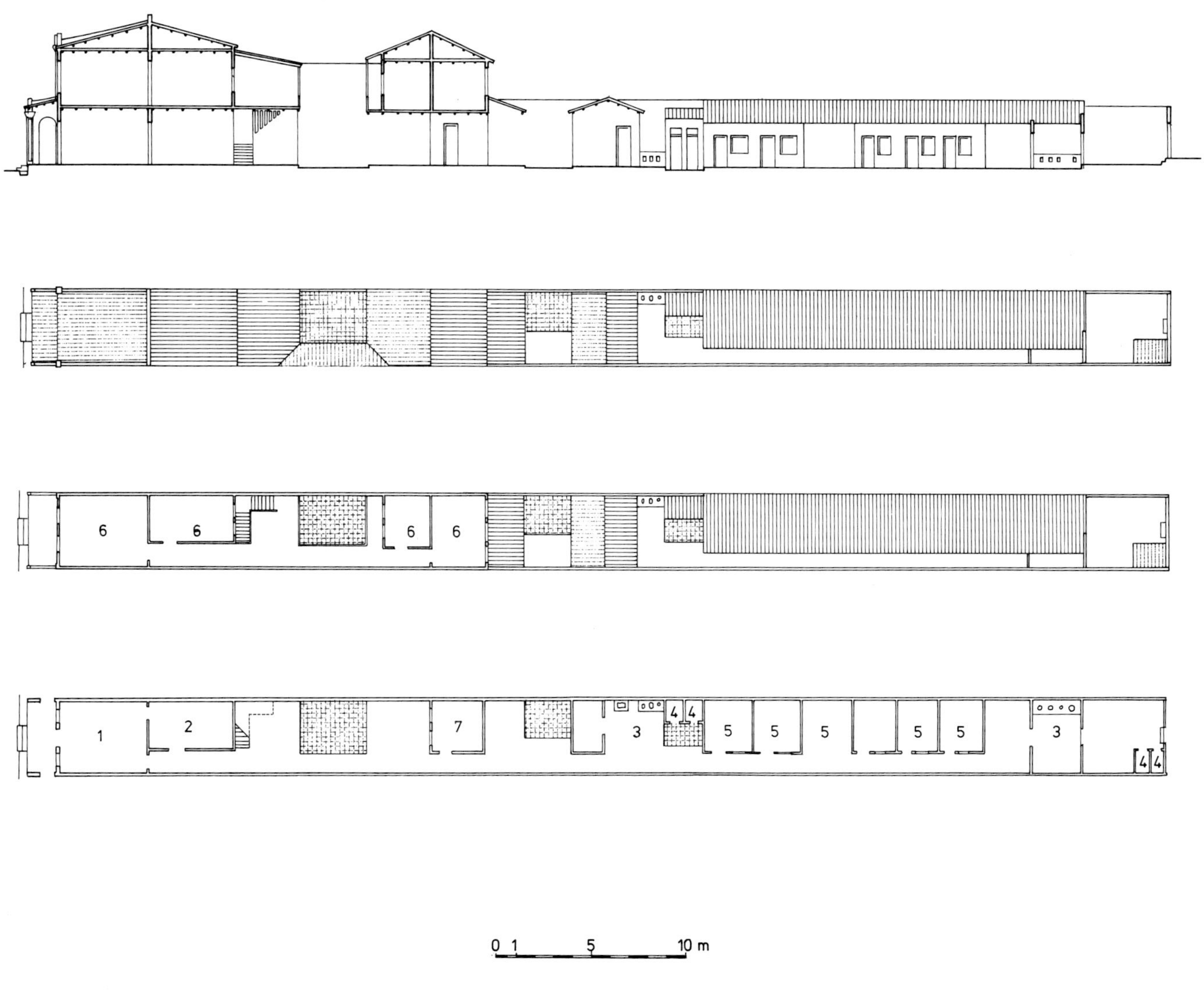
6
6
6
6
1
2
7
3
4
4
5
5
5
5
5
3
4
4
0 1 5 10 m

| | |
|---|---|
| Name: | Langhaus |
| Standort: | Nähe Kapit, Sarawak, Malaysia |
| Topographische Lage: | Hügelland |
| Klima: | tropischer Regenwald |
| Abmessungen | |
| Länge: | 114 m |
| Breite: | 28 m |
| Höhe: | 11 m |
| Baumaterial | |
| Fundamente: | Holz |
| Mauern: | Holz |
| Zwischenmauern: | Holz |
| Dachkonstruktion: | Pfettendach |
| Dachdeckung: | Wellblech, geflochtene Palmblätter |
| Baualter: | ca. 40 Jahre |
| Anzahl der Bewohner: | ca. 130 |
| Legende: | 1 gemeinsame, durchlaufend gedeckte Terrasse<br>2 Wohnraum<br>3 Kochstelle<br>4 hintere, private Terrasse (offen)<br>5 Frontterrasse, ungedeckt |
| Bemerkungen: | Obwohl der Urtyp des Langhauses heute nur noch selten anzutreffen ist, sind Variationen davon, natürlich stark beeinflußt von der westlichen Zivilisation, oft zu sehen. Das Langhaus entsteht durch ständiges Anbauen an ein bestehendes Gebäude. Die gemeinsame Terrasse wird verlängert und ein Wohntrakt angesetzt. Alles Leben spielt sich im Haus ab: Auf der offenen Terrasse werden die groben Arbeiten durchgeführt, auf der gedeckten findet das Palaver statt. Hier werden auch die Hausarbeiten erledigt. Das anschließende Zimmer dient zum Schlafen und privatem Leben. Über die Terrasse auskragend ist eine Galerie, die als Stauraum verwendet wird. Im Laufe der Zeit entstehen zahlreiche Zubauten, die nicht mehr dem ursprünglichen Schema entsprechen. Meist sind dies Stallungen oder gemeinsame Lagerräume für größeres Werkzeug. In diesem Beispiel sind die Zwischengeschosse von drei Wohneinheiten im Stil der malaiischen Holzhäuser bis an die Fassade verlängert und zu einem Zimmer umgewandelt worden. |

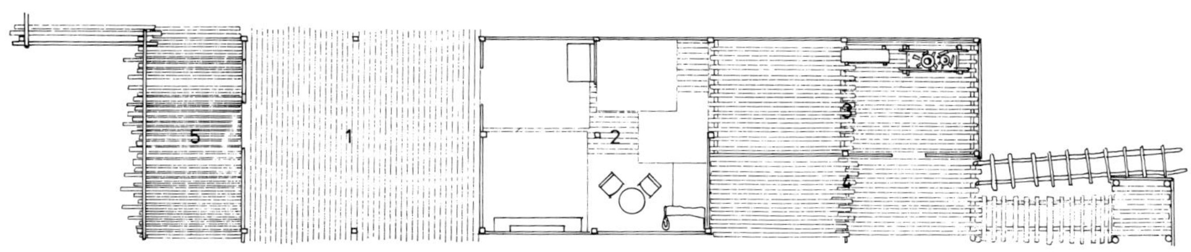
5
1
2
3
4

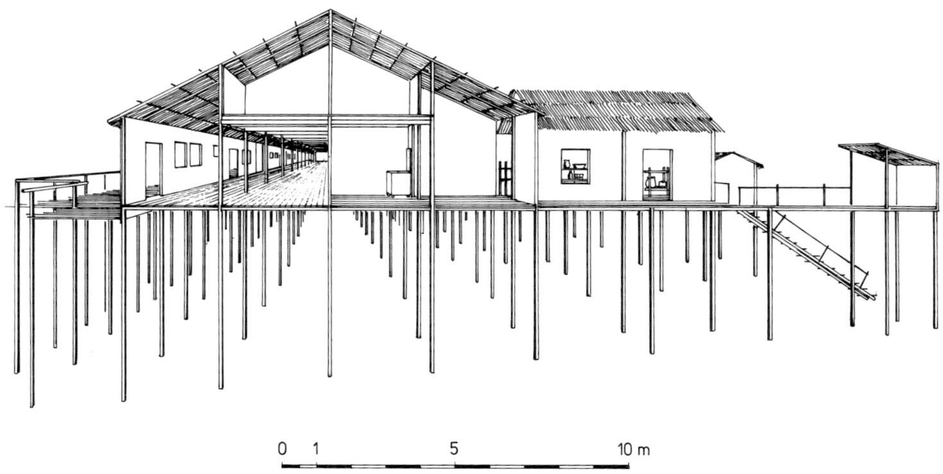
0 1 5 10 m

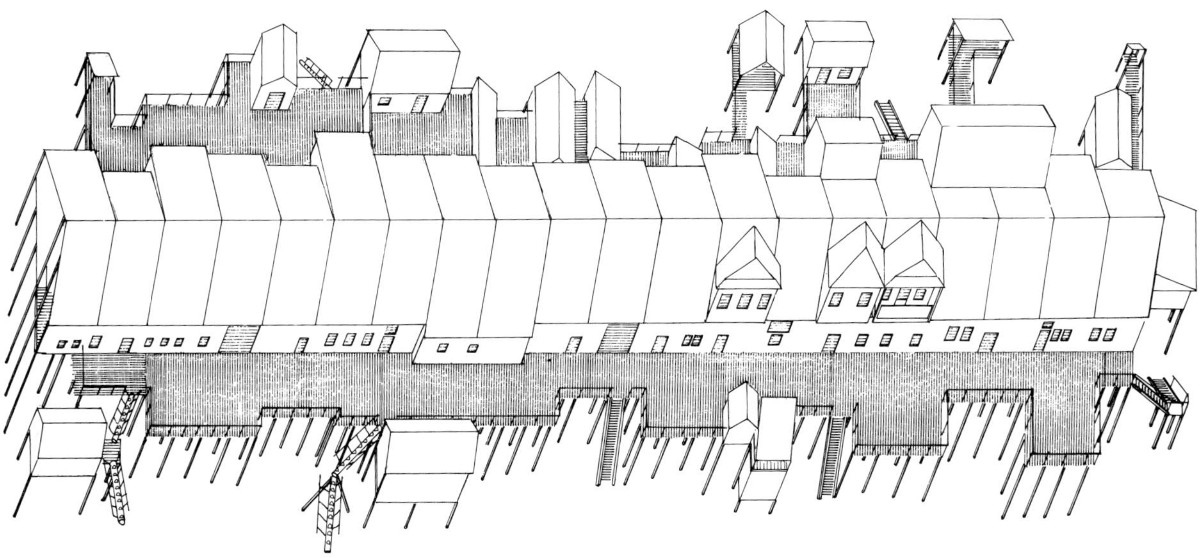

| | |
|---|---|
| Name: | Torajadorf |
| Standort: | Palawan, Sulawesi, Indonesien |
| Topographische Lage: | Bergland, ca. 1500 m Seehöhe |
| Klima: | tropisch |
| Anzahl der Gebäude: | 9 Wohnhäuser, 9 Reisspeicher |
| Anzahl der Bewohner: | ca. 50 |
| Bemerkungen: | Die Toraja errichten ihre Dörfer um einen Nord-Süd verlaufenden Anger, zu einer Seite stehen die Wohnhäuser, zur anderen die Reisspeicher. Die Wohnhäuser sind auf eckigen Pfählen errichtet und an der Stirnseite mit den Hörnern der Büffel verziert, die bei den riesigen Begräbnisfeiern geschlachtet und geopfert wurden. Die Wände sind Rahmenkonstruktionen, die mit geschnitzten und rot, weiß, schwarz und gelb bemalten Paneelen ausgefacht sind. Die Dächer mit ihren weit ausladenden Giebeln sind mit mehreren Lagen von Bambusstangen gedeckt.<br>Die gegenüberliegenden Reisspeicher entsprechen in ihrer Zahl den Wohnhäusern und sind im Gegensatz dazu auf runden Pfählen errichtet. Jeder Speicher kann bis zu 20 t Reis aufnehmen. |

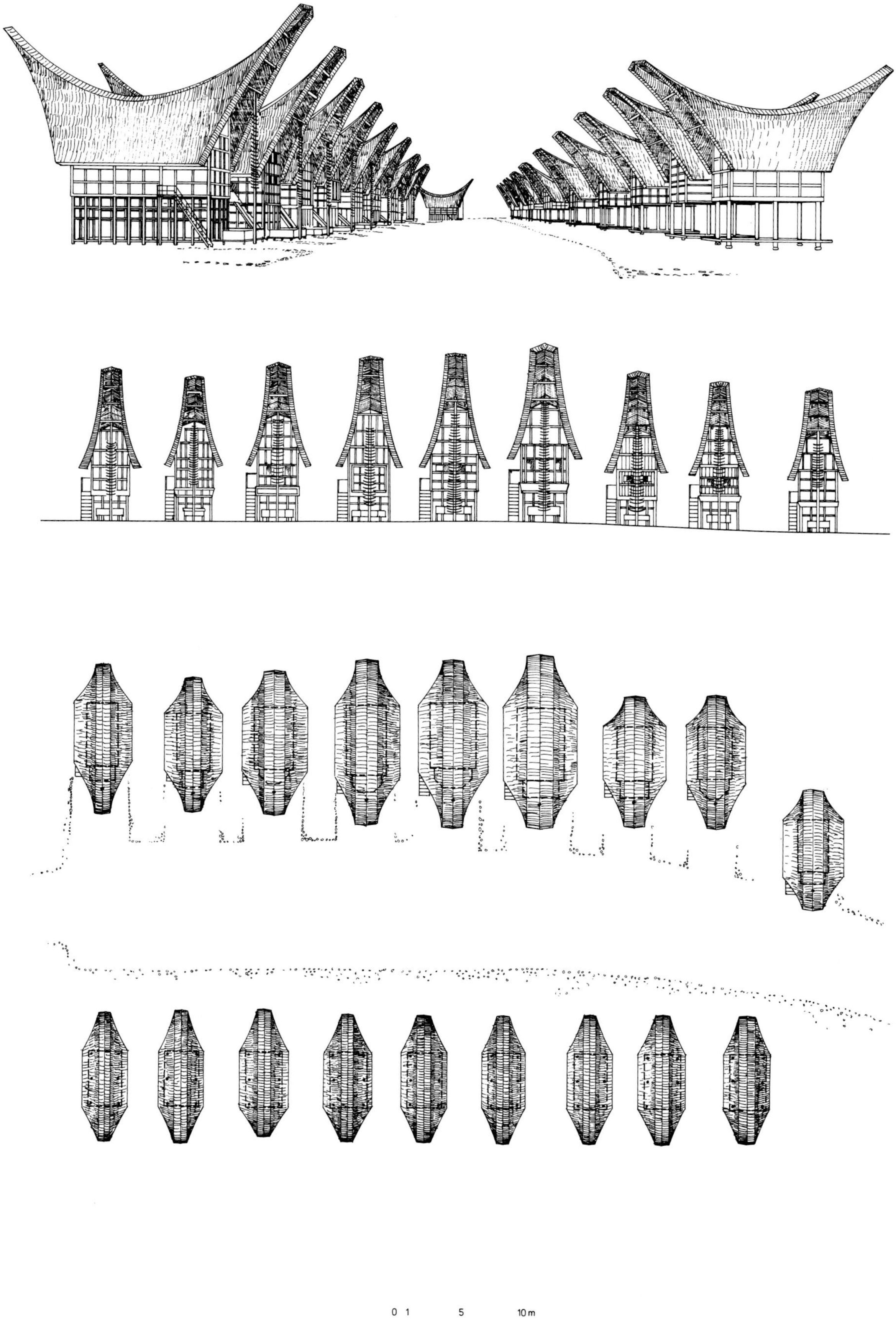
0 1 5 10 m

| | |
|---|---|
| Name: | Walled Village (ummauertes Dorf) |
| Standort: | New Territories, Hong Kong |
| Klima: | subtropisch |
| Abmessungen | |
| Länge = Breite: | 62 m |
| Anzahl der Gebäude: | 80 Wohnhäuser<br>1 Tempel<br>1 Portalbau |
| Anzahl der Bewohner: | ca. 500 |
| Bemerkungen: | Dieses Dorf liegt in den New Territories der Kolonie Hong Kong und ist das letzte mit einer vollständig erhaltenen Dorfmauer. Die ursprünglichen, im Plan gezeigten, ebenerdigen Häuser sind heute großteils aufgestockt worden, der Grundriß des Ortes ist aber nach wie vor intakt.<br>Vom Portalbau läuft eine Achse zum Tempel, der in die Mauer integriert ist. Zu beiden Seiten dieser Achse liegen acht Zeilen zu je fünf Häusern, von denen sechs zu Doppelzeilen mit einem Hof zusammengefaßt sind. |

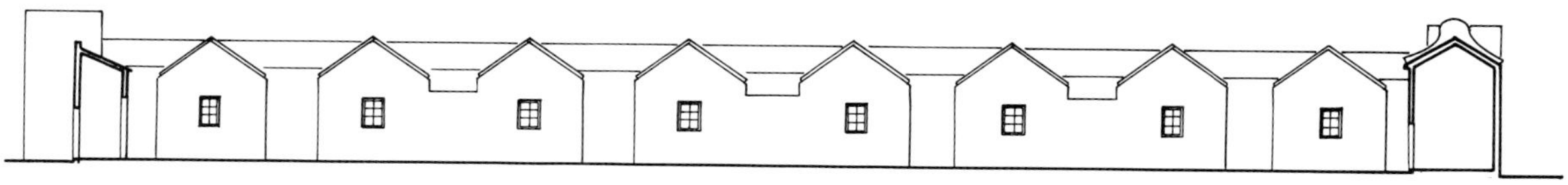

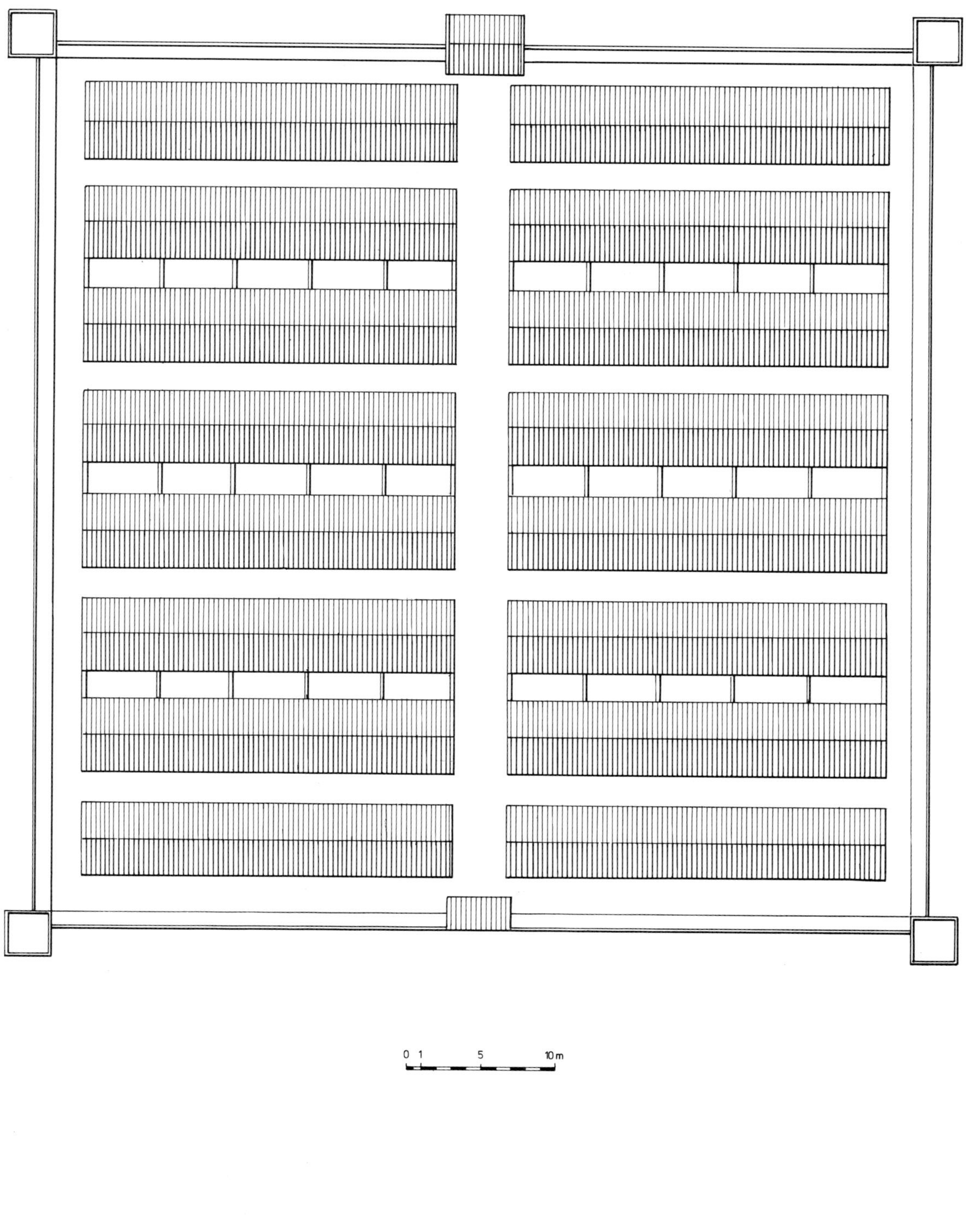
0 1 5 10m